KB266166

면접 썰기

사 영 / 지주은

Challenge!
"
Organizational fit
Growth potential
Job fit

면접 썰기

'쌩신입이 경력직을 이기는 면접 이야기와 기세'

說氣

The Art of Interviewing: Beyond Answers

좋은땅

쌩신입의 전략적인 면접 준비를 위하여

올해 봄이었다. 친구의 딸이 스물아홉 번의 취업 도전 끝에 합격했다는 소식을 들었다. 1년 간의 험난했던 과정을 알기에 정말 축하한다는 말을 몇 번이고 전했다.

재작년 초 지인의 딸은 대학교 졸업 시점이 다가오면서 취업을 위한 전장에 뛰어들었다. 회사가 어떤 인재를 원하는지 전혀 감도 없이, 남들 하듯이 유튜브나 채용 정보 플랫폼을 찾아가며 면접을 준비했던 것 같다. 어떤 날은 준비한 것을 제대로 표현했다며 뿌듯해했고, 다른 날은 다른 지원자들의 스펙에 크게 위축되어 준비한 것조차 제대로 말하지 못했다고 속상해했다. 친구는 나와 저녁을 함께 하면서, 아빠로서 아무것도 해 줄 것이 없다는 데 무력감을 느꼈다고 했다. 안타까웠다. 낙담의 횟수가 더할수록 딸은 친구들의 합격 소식에 초라해지는 자신이 싫어서 SNS도 끊고, 만남의 자리도 멀리했다. 합격의 문을 여는 키를 쉽게 발견하지 못한 채, 마음의 상처가 겹겹이 쌓여 갔다.

하지만 다행인 것은 친구의 딸에게는 취업의 문을 여는 데 도움이 되는 소중한 습관이 있었다. 그것은 바로 '오답 노트'를 쓰는 거였다. 불합격해도 무엇이 잘못되었는지 알려 주는 사람은 없었지만, 스스로 취업 탈락 수기를 쓰고 있었다. "면접관이 무엇을 물어봤고, 나는 어떤 답변을 했고, 다른 지원자들의 답변은 나와 무엇이 달랐고, 좀 더 바람직한 답변은 무엇인지"에 대해 정성스럽게 복기했던 것이다. 결국 이러한 오답 노트의 작성과 계속되었던 취업 도전을 통한 실습은 점차 그녀에게 합격의 문을 여는 키를 손에 쥘 수 있게 해 주었다.

친구 딸의 합격 과정을 지켜보며, 나는 합격이란 성취는, 자기 인식 능력 × 회복 능력 × 전략적 노력의 결과라는 생각이 들었다.

그녀는 철저하게 자신의 능력을 객관화했고, 무엇이 부족하고 더 노력해야 할 것은 무엇인지에 대해 고민했다. 그리고 떨어질 때마다 실망과 낙담은 이루 말할 수 없었겠지만, 무너지지 않고 다시 일어서는 의지와 용기가 있었다. 단 하나 아쉬웠던 점은 좀 더 일찍 합격의 키를 찾는 데 효과적인 학습을 경험하지 못했다는 데 있다. 즉, '전략적 노력'을 할 수 있는 학습 경험이 더해졌다면, 시행착오는 좀 더 짧았을 것이다.

이 책을 쓰게 된 이유는 여기에 있다.

나는 지난 몇 년간 기업을 상대로 한 채용 컨설팅에서 기업에 맞는 인재를 채용하기 위해서는 어떤 질문을, 어떤 의도로 구조화해야 하는지 기업 인사 담당자들과 검토해 왔다. 그런데 막상 대학교에서 졸업 예정 학생들을 대상으로 모의 면접을 해 보면, 기대와는 달리 면접관의 의도조차 제대로 파악하지 못하고 있는 모습을 보며 적잖이 당황스러웠다. 최근 취업 시장은 대졸 신입 지원자들에게 더욱 냉혹한 상황으로 변하고 있다. '공채의 종말'이라는 표현이 나올 만큼 채용 규모가 줄어들면서, 대졸 신입 공채 비중은 낮아지고 경력직과 중고 신입 채용이 확대되고 있다. 이러한 상황은 그들의 처진 어깨를 더욱 무겁게 짓누른다.

   면접 썰기

그래서 나와 공동 저자는 대졸 신입 지원자만의 면접 무기를 손에 쥐여 주고 싶었다. 아킬레우스의 무구武具를 제작하는 헤파이스토스 Hephaestus의 심정으로, "기업 중에 아직도 적지 않은 기업이 왜 경력 직이 아닌 대졸 신입을 뽑고자 할까?", 그리고 "기업에서 대졸 신입에 게 요구하는 자질과 태도는 무엇일까?"라는 고민부터 시작했고, "이 에 적합한 답변의 킥은 무엇일까?"라는 관점에서 설득력 있는 메시 지를 구조화하기 위해 노력했다. 한마디로 이 책은 '경력직을 이기는 쌩신입의 면접 전략'이다.

이 책은 기업의 '질문 족보'에 따라 영혼 없는 뻔한 답변을 주문하 는 내용이 아니다. 면접을 자신의 정체성과 강점을 드러내는 과정으 로 보았다. 그럴 수 있을 때 그 답변은 진정성을 담고 설득력 있게 상 대방에게 닿기 때문이다. 따라서 대졸 신입 지원자에게 면접 준비란 단순히 예상 질문의 답변을 외우는 시간이 되지 말아야 한다. '내가 누구이고', '어떤 태도와 강점을 가진 사람인가'를 탐색하고 정리하는 과정이어야 한다. 미켈란젤로는 조각을 '돌 속에 이미 존재하는 형상 을 해방하는 과정'이라고 보았다. 마찬가지로 대졸 신입이 준비해야 하는 것은 억지스럽게 있지도 않은 강점을 꾸며 내는 일이 아니라 자 신 안에 이미 잠재된 가능성을 발견하고 불필요한 부분을 덜어 내며 자신의 본질을 설득력 있게 드러내는 것이다. 이런 생각으로 면접장 에서 답변할 수 있을 때, 단순히 실무 경험이 부족한 신입이 아니라, 회사와 직무에 적합한 자신의 가치관과 강점을 진정성 있게 어필할 수 있는 인재로 비칠 것이다. 이 책은 이러한 답변을 구조화하는 구 체적인 방법을 담았다.

첫 편에는 '나를 설득력 있게 전달하는 5가지 원칙'을 다루었다. 여기에는 이후 설명하게 될 9가지 공통 질문에 대한 모든 답변을 관통하는 기본 원칙을 설명한다. 면접관의 질문 의도 파악하기, 결론부터 말하기, 자기주장을 뒷받침하는 경험을 STAR(Situation, Task, Action, Result) 기법으로 구조화하기, 암기 답변에 매몰되지 않기 등으로 구성되어 있다.

두 번째 편에는 면접관이 면접 현장에서 던지는 공통된 질문 9가지에 대한 답변 전략과 비언어적 인상관리 방법을 실었다. 내용의 구성 방식을 요약하면, 첫째 질문별로 면접 의도의 본질을 명확히 했다. 지원자가 가장 중요시해야 할 일은 출제 의도를 제대로 파악하고 그 맥락에 맞는 답변을 제시하는 일이다. 둘째, 설득력 있는 답변의 원칙과 답변의 구조를 패턴화하여 면접에 사용하기 용이하게 했다. 셋째, 답변의 원칙을 적용하여 실제 면접 현장에서 사용 가능한 답변 사례를 정리하였다. 그리고 이 책에서 가장 핵심은 면접관의 마음을 움직이고 깊은 인상을 남길 수 있는 소위 '면접의 킥(한 방)'을 줄 수 있는 답변 원칙을 사례를 통해 소개하고 있다는 점이다. 이는 대졸 신입만의 차이 나는 답변을 구사하는 데 도움을 줄 수 있다.

세 번째 편은 '대졸 신입이 경력직과 경쟁하여 이기는 면접 전략'이다. 우선 대졸 신입의 장점을 정리하고 그 장점을 바탕으로 경력직과 차별화된 답변 전략을 어떻게 구사할 수 있는지를 살펴보았다. 더 나아가 면접관이 확인하고자 하는 조직·직무 적합성, 성장 가능성을 증명하기 위해서는 각 질문의 답변들에서 무엇을 핵심으로 가져가야 하는지 그 포인트를 정리하였다.

이 책의 목적은 모범 답안을 암기하는 데 있지 않다. 이 책이 제시하는 면접 대응 방식을 통해 독자는 어떤 질문을 만나더라도 자신의 언어로 자연스럽게 답할 수 있는 사고력을 기르게 될 것이다. 또한 자신의 경험, 능력, 태도, 가치관을 깊이 이해하고, 이를 질문에 맞게 자신만의 언어로 구조화하는 방법을 익히게 된다. 이러한 과정에서 당신은 취업 성공에 필요한 사고의 상황 적응력과 논리적 구조화 능력을 기를 수 있으며, 이 두 능력은 합격을 넘어서 조직에서 지속적으로 성장하는 데 필요한 기반이 될 것이라고 믿는다.

이 책의 지면을 빌어 감사하고 싶은 분들이 있다. 먼저 현재 기업의 인사 실무 책임자로 있으면서, 대졸 신입의 눈높이를 놓치지 않으면서도 책의 완성도를 높일 수 있도록 글의 방향을 끈기 있게 잡아주고, 리서치와 적절한 사례를 책에 담는 데 함께 애써 준 공동 저자, 지주은 팀장에게 깊이 감사드린다. 또한 늘 나의 책 쓰는 수고에 관심을 넘어 때로는 채근하며 게으름의 유혹을 극복할 수 있도록 곁에서 힘이 되어 준 후배와 친구, 선배님들께도 감사드린다. 무엇보다 작년 《열정 ON OFF》 출간에 이어 이 책을 쓰는 데 가족의 양해와 격려가 큰 힘이 되었다. 특히 이 책의 표지 디자인 컨셉을 잡아 준 아내와 제목을 젊은 세대의 감각에 맞게 함께 고민해 준 딸에게 고마움을 전하고 싶다.

2026년 2월 10일
광화문에서 사영

목차

3 / 쌩신입의 이기는 전략

1/

면접의 필수 노하우

'나'를 설득력 있게 보여 주는 5가지 원칙

**"면접의 본질은 자신의 가치관과 조직의 가치가
만나는 지점을 탐색해 나가는 과정이다."**

면접은 지식이나 스펙을 확인하는 절차라기보다 '나는 어떤 사람인가'를 직접 보여 주는 자리다. 내가 어떤 경험을 통해 어떤 역량과 가치관, 태도를 길러 왔는지, 그리고 왜 이 직무와 회사를 선택했는지를 면접관들 앞에서 제한된 시간 안에 설득력 있게 보여 줘야 한다. 그것도 다른 지원자와 경쟁하며 답변해야 한다. 그래서 이 순간이 중요한 만큼 긴장과 불안도 커진다.

영화 《인사이드 아웃 2Inside Out 2(2024 개봉)》는 이 불안이 어떻게 판단을 흐리고 면접의 본질을 놓치게 하는지 생생하게 보여 준다. 라일리는 전국의 하키 유망주들이 모이는 캠프에 초대받는다. 그러나 캠프로 향하는 도중 가장 의지하던 친구들이 이미 다른 고등학교에 배정되었다는 사실을 알게 된다. 친구들 없이 시작할 고등학교 생활을 걱정하던 라일리는 캠프에서 최고의 하키팀인 파이어 호크 팀의 주장이자 라일리의 우상 발을 만난다. 그녀는 발이 있는 최고의 하키 팀에 들어가기 위해 코치의 눈에 들고자 했지만, 불안에 사로잡혀 팀워크를 외면하고 혼자만의 플레이에 몰두했다. 코치의 평가는 차가웠고 라일리는 이를 만회하려 더 많은 득점을 좇다가 반칙으로 퇴장을 당하고 스스로 패닉에 빠진다.

이 장면의 시사점은 명확하다. 라일리는 코치가 보고자 한 자신이 실제 어떤 선수인지를 드러내지 못했다. "득점 실력을 보여 주지 못하면 목표로 하는 진로와 새로운 관계를 모두 잃는다"라는 불안이 그녀로 하여금 원래 자신이 가장 중요시했던 가치를 잊게 했다.

면접도 다르지 않다. 불안에 사로잡힌 지원자는 준비한 강점만 기계적으로 반복하다가 정작 면접의 본질인 '나는 누구인가'를 보여 주지 못한다. 면접은 질문의 의도에 맞춰 역량·태도·가치를 드러내는 자리이지만, 불안은 시야를 좁히고, 답변을 '준비된 문장'으로 가둔다. 이는 라일리가 득점에만 매달리다, 결국 자신을 선수로서 가장 가치 있게 만들었던 협력의 태도를 보여 주지 못한 것과 다르지 않다.

면접의 본질, '나'를 진정성 있게 증명하는 것

면접은 '내가 누구인가'를 진정성 있게 전달하는 자리다. 나는 어떤 경험을 통해 어떤 사람으로 성장해 왔는지, 그리고 그 과정에서 이 회사와 직무가 나와 맞는지를 보여 주는 기회다. 이 본질은 영화《인사이드 아웃 2》의 마지막 장면에서 잘 드러난다. 라일리는 2분간 퇴장을 당한 뒤, 벤치에 앉아 자신이 진짜로 중시하는 가치가 무엇인지 자각한다. 코치의 인정을 받으려는 마음에 팀워크를 외면하고 독주했지만, 그녀에게 중요한 것은 '점수'가 아니라 함께하는 사람들과의 연결, 즉 협력이었다는 것을 깨닫는다. 그녀는 다시 경기장으로 나가, 자신의 강점이 단순히 득점하는 기술에 있는 것이 아니라 협력하는 능력과 태도에 있음을 행동으로 보여 준다.

면접도 이와 같다. 보여주기식 과시나 꾸며 낸 답변이 아니라 실제 자신의 가치관과 조직에서 보여 줄 수 있는 나를 솔직하게 드러내야 설득력이 생긴다. 물론 자기 자신을 있는 그대로 드러내기는 쉽지 않다. 답변을 준비하는 과정에서 '잘 보이겠다'라는 욕심이 앞서기 때문이다. 그러다 보면 실제 나의 이야기보다 정답처럼 들릴 만한 말로 포장하게 된다. 하지만 그런 답변은 일관성이 약하고 표면적으로 흐르기 쉽다. 반대로 자신의 경험과 생각을 그대로 꺼내어 말하면 논리와 감정의 흐름이 자연스러워지고 신뢰가 붙는다.

진정성 있는 답변의 또 다른 장점은 압박에 흔들리지 않는다는 데 있다. 면접은 긴장되고 예측 불가능한 질문이 이어지는 자리이다. 꾸민 답변은 몇 번의 "왜요?"만으로도 금세 무너지지만, 실제 경험에서 나온 답변은 어떤 질문에도 유연하게 대처할 수 있다. 따라서 면접 준비는 예상 문항의 '정답 암기'가 아니라 나라는 사람을 깊이 이해하고 그것을 효과적으로 전달하는 훈련이어야 한다.

또한 면접은 평가받는 자리만이 아니라 상호 선택의 과정이다. 지원자 역시 면접 준비와 면접 과정에서 조직의 문화와 환경이 자신의 가치관과 맞는지 판단해야 한다. 지원자가 합격을 위해 자신과 맞지 않는 선택을 하거나 솔직하지 않은 모습으로 입사하더라도, 결국 조직과 개인 간 미스매치로 더 큰 어려움에 직면할 수 있다.

결국 면접의 본질은 나의 가치관과 조직의 가치가 만나는 지점을 탐색하는 일이다. 이런 생각을 하면 탈락도 '부족함'이 아니라 '핏'의 불일치로 해석할 수 있다. 이렇듯 면접을 나와 더 잘 맞는 곳을 찾아가는 여정으로 받아들일 수 있을 때 자신의 선택을 후회하지 않고 조직에서 더 오래, 더 건강하게 성장할 수 있다.

물론 진정성만으로 합격이 보장되지는 않는다. 진심이 설득으로 이어지려면, 나의 능력·태도·가치관이 어떻게 조직 안에서 성과와 성장으로 이어질 수 있는지를 구조적으로 명확하게 표현할 수 있어야 한다. 이것이 면접 준비의 핵심이다. 다시 말해, 진정성 있는 내용을 전달력 있는 형식으로 풀어내어 내가 누구인지와 왜 이 일을 하고 싶은지를 상대가 공감할 수 있도록 표현해야 한다.

'나'를 설득력 있게 보여 주는 답변의 5가지 원칙

예를 들어 보자. 다음은 모두, "갈등 상황에서 책임을 다해 일을 완수한 경험이 있는가?"라는 질문에 대한 답변이다.

한 지원자는 이렇게 말했다.

"팀원 간 대화가 잘 되지 않아 갈등이 있었지만, 팀장으로서 책임감을 갖고 의견을 조율해 결국 납기 내에 일을 마쳤습니다."

다른 지원자는 다음과 같이 답했다.

"프로젝트 팀장으로서 팀원 간 갈등으로 납기 준수가 어렵다고 판단했을 때, 적극적으로 개입해 일을 완수한 경험이 있습니다. 당시 저는 갈등 상황에서 티타임을 제안해 팀원들의 감정을 누그러뜨린 뒤, 우선순위 기준을 설정해 의견을 조율했습니다. 이 합의로 제시간에 과제를 마칠 수 있었고, 저는 이 경험을 통해 책임감이란 어려운 상황에서 해결책을 주도적으로 실행해 성과를 완수하는 능력임을 깨달았습니다."

두 답변 모두 같은 경험을 다루지만, 후자의 답변은 차원이 다르다. 결론을 먼저 제시하고, 구체적인 행동으로 책임감을 뒷받침하며, 나아가 책임감에 대한 자신만의 해석으로 마무리한다. 이는 단순히 일을 완수한 경험을 말하는 것이 아니라, 그 과정을 통해 성장 가능한 태도와 성숙함을 보여 주기 때문에 훨씬 더 설득력이 있다.

이 사례가 말해 주는 바는 명확하다. 같은 경험이라도 어떻게 구조화하여 표현하느냐에 따라 면접관에게 남기는 인상은 전혀 달라진다는 것이다. 그렇다면 면접에서 이처럼 '같은 경험을 다르게 표현'하여 설득력을 높이려면 무엇이 필요할까? 이 책은 이후 각 질문별로 답변 전략을 다루겠지만, 그에 앞서 모든 답변에 공통적으로 적용되는 다섯 가지 원칙을 먼저 제시하고자 한다.

첫째, 면접관의 질문 의도를 파악한다.

면접은 본질적으로 소통이다. 소통은 상대방이 무슨 말을 하느냐

　　　　　　　　　　　　　　　　　　　　　　　면접 썰기

보다 왜 그렇게 묻는지를 이해하는 데서 출발한다. 면접에서도 마찬가지다. 가장 중요한 것은 질문의 이면에 담긴 의도를 읽는 일이다. 지원자는 종종 "준비한 답변을 다 말해야 한다"는 강박에 사로잡히곤 한다. 그러나 합격에 더 가까워지는 길은 내가 하고 싶은 말을 쏟아 내는 것이 아니라, 면접관이 무엇을 궁금해하는지 헤아리는 여유를 갖는 것이다. 물론 긴장되고 짧게 주어진 상황에서 개별 질문들의 의도를 정확히 파악하고 답변하기란 쉽지 않다. 하지만 모든 질문을 미리 예측할 수는 없어도 그 질문들을 몇 가지 의도로 묶어 이해하면 대응이 훨씬 수월해질 수 있다. 면접관마다 다양한 유형의 질문을 던지지만, 대부분의 질문은 다섯 가지 의도, 즉 '오래 함께 할 수 있는지', '직무에서 열정을 보일 수 있는지', '성과를 낼 수 있는지', '조직의 방식으로 일할 수 있는지', '조직 생활에 적응 가능한지', '종합적으로 괜찮다는 단서를 확인할 수 있는지'로 정리할 수 있다. 다음은 면접 질문의 의도에 따라 다양한 질문의 유형들을 분류한 것이다.

질문 의도별 질문 사례

질문 의도	질문
오래 함께 할 수 있는지	– 왜 이 회사를 지원했는가? – 경쟁사가 아닌 이 회사를 선택한 이유는? – 입사 후 이루고 싶은 목표는?
직무에서 열정을 보일 수 있는지	– 왜 이 직무를 선택하였는가? – 직무에 대한 당신의 철학은? – 당신에게 이 직무가 중요한 이유는?

질문 의도	질문
성과를 낼 수 있는지	– 지원 직무에서 가장 중요한 역량은? – 전문 역량을 갖추기 위해 어떤 노력을 했고, 어떤 역량을 발휘할 수 있는가? – 본인의 강점과 약점은? – 실패 경험과 배운 점은?
조직의 방식으로 일할 수 있는지	– 어려운 상황에서 책임감 있게 끝까지 완수해 본 경험이 있는가? – 협업 중 갈등을 해결한 경험은 무엇이며 어떻게 대처했는가? – 주변 사람들이 본인을 어떻게 평가하는가? – 자신을 대표하는 캐릭터는?
조직 생활에 적응 가능한지	– 팀원 중 무능력한 사람이 있다면 어떻게 할 것인가? – 상사가 부당한 지시를 내린다면 어떻게 할 것인가? – 주말·야근·현장 근무를 할 수 있는가?
종합적인 판단의 단서	– 자기소개를 해 보세요. – 우리가 왜 당신을 채용해야 하는가? – 마지막으로 하고 싶은 말은?

이렇게 질문 의도를 이해하면 어떤 질문이든 답변의 일관성을 유지하며 핵심을 보여 줄 수 있다. 예를 들어, "자사의 인재상 중 자신과 가장 잘 맞는 것은 무엇인가?", "주변 사람들이 본인을 어떻게 평가하는가?", "자신을 상징하는 캐릭터가 있다면?" 등은 겉보기엔 다른 질문이지만 모두 조직 문화 적합성을 확인하려는 의도가 담긴 질문들이다. 당황할 것 없이, 지원자 자신이 회사의 가치·인재상에 적합한 능력과 태도를 갖추었음을 질문의 맥락에 맞게 같은 메시지로 전달하면 되는 것이다.

그리고 질문의 의도를 이해하면 답변의 정확도와 설득력도 높아진

면접 썰기

다. 예컨대, 면접관이 "업무 외 시간을 지속적으로 투자해 무언가를 배운 적이 있습니까?"라고 물었을 때 표면적으로는 취미를 묻는 것 같지만, 실제 의도는 몰입력, 끈기, 긍정적 태도의 전이 가능성 등을 보고자 하는 것이다. 만약 지원자가 단순히 "풋살 동호회에 가입해 재미있게 활동 중입니다"라고 답하면 동문서답하는 꼴이 된다. 특별히 좋은 인상도 남기지 못할 뿐 아니라, 자신을 어필하는 소중한 기회 하나를 놓치고 만 것이다. 그러나 "주말마다 풋살을 하면서 개인의 노력이 팀 성과로 이어지는 경험에서 성취감을 느꼈고, 협력의 가치를 배웠습니다"라고 답한다면 면접관은 이 지원자가 몰입할 줄 알고 팀워크를 발휘할 줄 아는 사람이라는 긍정적 이미지를 가질 것이다.

마지막으로, 질문의 의도를 이해하고 준비한 지원자는 예상치 못한 질문에도 흔들리지 않는다. 모든 질문을 암기할 수는 없다. 그러나 질문의 목적을 파악해 두고 그에 맞는 자신의 경험과 태도를 연결하는 훈련을 한다면, 어떤 질문이 나오더라도 당황하지 않고 핵심에 맞게 답변할 수 있다.

둘째, 결론부터 말하는 것이다.

생각을 구조화하는 가장 중요한 원칙 가운데 하나는 '두괄식', 즉 결론부터 말하는 것이다. 이는 면접뿐 아니라 보고서 작성이나 비즈니스 커뮤니케이션 전반에서 통용되는 기본 원칙이다. 면접 시간은 특히 제한적이다. 장황한 배경 설명이 앞서면 핵심이 무엇인지 파악하기 어렵고 답변이 산만하게 느껴진다. 반대로 결론을 먼저 제시하고, 그 뒤에 근거와 사례를 덧붙이는 방식은 면접관의 주의를 즉시 끌 수 있다. 예를 들어, "당신의 성취 경험은 무엇입니까?"라는 질문에 "학과 홍보 콘텐츠로 조회 수 1만 회를 달성한 경험입니다"라고 시작한다면 면접관은 바로 핵심을 이해한다. 반대로 이 원칙을 지키지 못하면 "그래서 결론이 뭡니까?"라는 말을 들을 위험이 크다. 이는 지원자가 논리적이지 못하다는 인상을 줄 뿐 아니라, 본인도 당황해 이후 답변까지 흔들리게 만든다.

실제 질문별로 결론부터 말하는 방식은 다음과 같다. "왜 우리 회사를 선택했습니까?"라는 질문에는 "저는 귀사의 지속 가능한 패션 철학에 깊이 공감했기 때문입니다"라고 말할 수 있고, "왜 이 직무를 선택했습니까?"라는 질문에는 "저는 사용자 중심으로 문제를 정의하고 해결하는 기획 업무에 가장 큰 보람을 느끼기 때문입니다"라고 답변할 수 있다. 또한 "당신의 강점은 무엇입니까?"라는 질문에는 "저의 강점은 갈등 상황에서도 합의를 이끌어 내는 조율 능력입니다"라는 방식으로 결론부터 말할 수 있다.

결과적으로, '결론부터 말하라'라는 원칙은 첫 문장에서 핵심 메시지를 던지고, 이어서 면접관이 궁금해질 수밖에 없는 이유·근거·사례를 설명하는 방식이다.

셋째, 면접 준비 경험은 STAR 기법을 활용해 구조화한다.

결론부터 말한 뒤 면접관이 궁금해할 근거와 사례를 덧붙일 때, 반드시 자신의 경험을 바탕으로 해야 한다. 하지만 아무리 좋은 경험도 흐름 없이 전달하면 힘을 잃는다. 호소력 있는 답변이 되려면 자신의 경험을 일관된 서사 구조로 풀어내야 하는데, 그 대표적인 방법이 바

면접 썰기

로 ‘STAR(Situation, Task, Action, Result) 기법’이다.

훌륭한 서사에는 공통적으로 ‘어려움’, ‘갈등’, ‘극복’ 그리고 ‘깨달음’의 과정이 담겨 있다. STAR 기법은 이러한 지원자 자신만의 서사를 자연스럽게 구조화한다. 즉, “나는 이런 사람입니다”라고 단순히 주장하는 것이 아니라, “이런 상황에서 이런 과제를 맡아, 이렇게 행동했고, 이런 결과를 얻었다”라는 식으로 보여 주는 방식이다. 면접관 역시 이력서나 자기소개서만으로는 확인할 수 없는 실질적 역량·태도·가치관을 이 기법을 통해 생생히 파악할 수 있다.

STAR 기법

구성 요소	설명	질문 예시
Situation	상황: 언제, 어디서, 어떤 맥락에서?	“3학년 여름방학, 교내 스타트업 경진 대회에 참가했을 때였습니다.”
Task	과제: 나의 역할은? 또는 해결해야 할 문제는?	“제가 맡은 역할은 시장 조사를 통해 타깃 고객을 정의하는 것이었습니다.”
Action	행동: 어떤 행동을 구체적으로 했는가?	“사용자 인터뷰를 직접 진행했고 경쟁사 분석 자료를 바탕으로 타깃 고객군을 재정의했습니다.”
Result	결과: 어떤 성과 또는 배움을 얻었는가?	“그 결과 우수상을 받았고, 멘토들로부터 시장 타당성 높은 팀이라는 평가를 받았습니다. 저는 그 과정에서 모든 비즈니스 성과의 시작은 주요 고객을 정하고 그들의 기대를 명확히 정의하는 일이라는 점을 깨달았습니다.”

예를 들어 보자. “팀워크를 발휘했던 경험을 말해 보세요”라는 질문에 STAR 기법을 적용하면 다음과 같이 답할 수 있다.

S(Situation, 상황): "대학생 광고 공모전에 다섯 명이 한 팀으로 참가했으나 처음에 역할 분담이 제대로 되지 않아 일정이 지연되었습니다.

T(Task, 과제/문제): 저는 팀장으로서 팀원들의 역할 조정과 소통 방식을 개선해야 하는 상황에 놓였습니다.

A(Action, 행동): 우선 각자의 역할을 강점에 맞게 재조정하고, 매주 회의 시간을 고정하여 진행 상황을 함께 공유하도록 했습니다. 그리고 매주 중간 점검을 통해 진척도를 관리해 나갔습니다.

R(Result, 결과): 결국 마감을 준수할 수 있었고 본선 진출과 함께 우수상을 수상했습니다. 이 과정에서 팀워크의 가치를 실감할 수 있었습니다."

STAR 기법을 활용할 때는 상황과 과업은 간결하게 정리하고 행동과 결과에 더 많은 비중을 두는 것이 좋다. 행동에서는 무엇을, 어떻게 했는지를 구체적으로 보여 주고, 결과는 정량적 성과 또는 배운 점을 명확히 담아야 한다. 특히 실패 경험에 대한 답변일 경우에는 개선 과정과 배운 교훈을 강조하는 것이 핵심이다.

STAR 기법으로 경험을 구조화하는 것은 답변의 설득력을 높이는 것 이외에 면접관에게 사고 능력을 어필할 수 있다는 장점이 있다. 대졸 신입은 실무 경험이 없기 때문에 면접관은 지원자의 잠재 능력을 보고자 한다. 그 잠재 능력 중 중요한 하나는 어떠한 주제에 대해서 자신의 생각을 정리하여 체계적으로 말하는 능력이다.

넷째, 암기 답변에 매몰되지 않는다.

이 원칙은 "절대 답변을 암기해 그대로 말하지 말라"는 것이다. 대부분 지원자도 이 원칙을 머리로는 알고 있다. 하지만 면접이 낯설고, 예상치 못한 답변이 나올 수 있다는 두려움에 한껏 위축돼 있는 지원자 입장에서는 '안전장치'로 답변을 통째로 외우고 들어가려는 유혹에 빠지기 쉽다.

심리학에서는 '닻 내림 효과Anchoring effect'라는 개념이 있다. 사람은 어떤 기준점이 제시되면 사고와 판단이 그 앵커(닻)에 지나치게 의존하는 경향을 보인다. "에베레스트 산은 10,000m보다 높을까요, 낮을까요?"라고 물으면, 정답을 모르는 사람은 실제 높이 (8,848.86m)보다 10,000m에 근접한 답을 내놓는다. 10,000이라는 숫자가 머릿속에 앵커(닻)로 작용했기 때문이다. 이런 닻 내림 효과는 면접에서 답변을 암기한 지원자에게 일어날 수 있다. 지원자가 준비 과정에서 특정 답변을 암기한 지원자는 이 암기한 답변이 머릿속 '기준점'이 되어서 면접관이 질문을 던지면, 질문의 의도를 파악하기 전에 먼저 머릿속 앵커(암기 내용)에서 답변을 찾으려고 한다. 질문이 조금만 비슷하거나 키워드가 겹치기만 해도 암기한 답변을 꺼내는 쪽으로 인지적 경로가 고착된다. 이런 식으로 답변을 하게 되면 답변이 부자연스럽고, 대화 흐름도 끊기며, 진정성이 떨어진다고 평가될 수밖에 없다.

그렇다면 왜 사람들은 답변을 암기하려 할까? 우선 긴장된 면접 장면에서 짧은 시간에 논리적으로 답변하지 못할까 봐 두렵기 때문이다. 또 다른 이유는 자신의 진짜 이야기 소재와 생각이 면접관에게 충분히 매력적으로 들리지 않을까 하는 불안 때문이다. 그래서 실제가 아닌, 그럴듯하게 꾸며 낸 이야기를 외워 간다. 그러나 면접에서는 정답이 있는 것이 아니다. 중요한 것은 나만의 생각과 경험을 어떻게 설득력 있게 전달하느냐이다. 면접 답변의 소재는 거창할 필요가 없다. 인턴과 프로젝트 경험 같은 '스펙'만이 합격을 보장하는 답변거리가 되는 것은 아니다. 일상에서 무언가에 집중하며 성취한 경험, 타인과 협력하여 목표를 이룬 경험, 끈기 있게 버틴 경험 등도 충분히 훌륭한 답변의 자원이 된다. 핵심은 내 경험을 내 언어로 풀어내고 그것을 나답게 표현하는 것이다.

이를 위해서는 면접 준비의 방식이 달라져야 한다. 예상 질문의 답변 전체를 통째로 외우는 것이 아니라 질문 의도별 패턴과 핵심 단어를 정리해 두는 것이다. 예를 들어, "왜 이 회사를 선택했는가?"라는 질문에는 다음과 같은 패턴으로 접근할 수 있다.

"저의 강점은 (　,　)인데, 저의 강점이 제가 지원하는 직무와 귀사의 사업 지향점과 연결된다는 생각에 지원하게 되었습니다. 구체적으로 말씀드리면, 저는 인턴, 사외 프로젝트를 통해 직무 관련된 경험을 해 왔고, 특히 (　)한 경험을 통해 (　,　)란 능력과 태도를 익혔습니다. 저의 능력과 태도가 귀사의 직무에서 요구하는 능력과 태도에 적합하다고 판단해서 지원하게 되었습니다. 기회가 된다면 (　)한 전문가로 성장하며 회사에 기여하고 싶습니다."

그리고 이러한 패턴에 맞춰 핵심 키워드로 무장하면 된다. 위 제시된 패턴의 핵심 단어는 강점(예를 들어, 문제 해결 능력, 고객지향 태도 등), 직무 관련 경험, 회사 직무의 요구 능력, 경력 포부 등이 될 것이다. 이처럼 답변을 통째로 외우는 대신, 패턴과 키워드만 기억해 두고 면접장에서 자신의 언어로 풀어내면 된다. 이렇게 하면 긴장 속에서도 훨씬 자연스럽고 유연하게 대화할 수 있고, 엄습하는 불안감 때문에 암기 답변에 의존하는 일은 없게 될 것이다.

다섯째, '이유 있는 간절함'을 드러내야 한다.

아무리 뛰어난 답변 기술을 갖추었더라도, 그 안에 진짜 나의 이야기가 없다면 말과 표정에서 진정성이 느껴지지 않는다. 진정성은 '좋게 보이기' 위해 모범적인 키워드를 답변에 끼워 맞추는 것이 아니다. 실제로 그런 생각과 행동을 해 왔고, 그것이 습관이 되어 앞으로도 지속할 사람임을 효과적으로 보여 주는 것, 그것이 진정성이다. 그리고 이 진정성이 면접관의 마음을 움직이는 강력한 설득의 힘을 얻기 위해서는 진정성에 '이유 있는 간절함'이 더해져야 한다. 간절함은 단순한 절박함이 아니라 분명한 이유가 있는 열망이다. 이유 없는 열망은 집착에 불과하지만, 이유 있는 간절함은 뚜렷한 가치관과 신념에서 비롯된 강력한 동기이다. 자신의 가치관과 신념에 기반한 내면의 동기가 회사와 직무를 선택하는 기준이 될 때, 조직에 몰입하고 함께 성장할 추진력으로 이어진다. 간절함이 뒷받침된 간절함이 담긴 진정성은 숨길 수 없다. 답변의 내용뿐 아니라 눈빛, 표정, 자세 속에 스며들어 자연스럽게 드러난다.

나에게는 지원자의 간절함을 느낄 수 있었던 소중한 기억이 있다. 오래전, 지원자에게 영어 실력을 확인하기 위해 "집에서 회사까지 어떻게 왔는지 영어로 설명하라"라는 질문을 한 적이 있다. 한 지원자는 집에서 대중교통을 타고 오전 일찍 회사 근처 커피숍에 도착해, 오후 4시 면접 전까지 그곳에서 준비하며 기다렸다고 답했다. 짧은 답변이었지만, 그 안에 담긴 회사에 대한 간절함은 고스란히 전해졌고, 나는 "이 사람과 함께 일하고 싶다"는 확신이 들었다.

따라서 면접 답변을 준비할 때는 나의 가치관과 신념에서 출발해 회사와 직무의 선택 동기를 탐색해야 한다. 이럴 수 있을 때 진정성은 단순한 언어적 호소가 아니라, 가치관과 신념에서 비롯된 간절함이 된다. 예를 들어, "평소 관심이 많았다"라는 모호한 답변보다 "사용자 경험을 중시하는 제 가치관이 귀사의 사업 방향과 맞닿아 있어 지원했습니다. 이를 위해 제 가치관을 실천한 경험이 있었고, 그 과정에서 저는 저의 가치관이 귀사에서 가장 잘 발휘될 수 있음을 확신할 수 있었습니다"라는 답변이 훨씬 강력하다.

또한 간절함은 말이 아니라 행동에서 증명된다. 회사와 직무를 선택한 이유가 자신의 가치관과 연결되어 있다면, 그것은 꾸준한 학습과 현장 체험, 관계 구축으로 이어져야 한다. 예를 들어, 회사 관련 기사를 꾸준히 탐독하고, 재직 중인 선배에게 직무와 조직 문화를 묻거나, 매장을 방문해 서비스를 직접 경험하고 고객 후기를 분석하는 것 등이 그것이다. 그리고 이러한 자발적 노력은 면접 현장에서 답변뿐만 아니라 태도와 표정으로 자연스럽게 드러날 것이다.

결국 면접은 단순한 평가의 자리가 아니라 내가 누구인지 정리하고 증명하는 자기 성장의 과정이다. 자기 자신을 충분히 이해하는 것에서 출발한 준비는 이를 설득력 있게 표현하는 과정으로 이어지며,

　　　　　　　　　　　　　　　　　　면접 썰기

면접이라는 긴장 속에서도 나를 흔들림 없이 보여 줄 수 있게 한다. 이는 불안을 줄이고, 오롯이 나에게 집중하게 만드는 가장 현실적인 방법이기도 하다. 그리고 그 결과는 단순한 합격을 넘어 나와 가장 잘 맞는 조직을 찾는 기쁨으로 이어질 것이다.

2

면접에 꼭 나오는 질문 9가지와
비언어적 인상관리, 그리고
'나'를 차별화하는 답변 전략

'첫인상 설계'의 순간, 자기소개

"면접에서 잘 시작하면 질문이 기회로,
불안하게 시작하면 질문이 검증으로 바뀐다."

사람들 사이에 첫인상은 중요하다. 서로 처음 만날 때의 인상이 앞으로 그 사람을 대하는 태도를 결정하기 때문이다. 첫 만남에 좋은 이미지를 주게 되면 이후의 만남은 좋은 관계로 유지될 가능성이 높다.

심리학자 솔로몬 애쉬Solomon Asch는 첫인상의 효과, 즉 '처음에 받은 인상이 이후 판단에 강하게 영향을 미치는 현상'에 '초두 효과 Primacy effect'라는 용어를 붙이고, 초두 현상을 알아보기 위해 다음과 같은 실험[1]을 진행하였다.

우선 실험 참가자들에게 A와 B 두 사람의 성격에 대한 정보를 나눠 주었다. 똑같은 단어들이고 순서만 다르다.

- A: 똑똑하다, 근면하다, 충동적이다, 비판적이다, 고집스럽다, 질

투심이 많다
- B: 질투심이 많다, 고집스럽다, 비판적이다, 충동적이다, 근면하다, 똑똑하다

그런 다음 실험 참가자들에게 A와 B에 대한 느낌을 물어본 결과, 사람들은 A에게는 대부분 호감을 느낀 반면 B에 대해서는 비호감을 나타냈다. A에게는 '똑똑하다', '근면하다'라는 먼저 제시된 긍정적인 문장이 초두 효과를 일으켰고(첫인상을 형성했고 이후 판단의 방향을 결정), B에게는 '질투심이 많다', '고집스럽다'라는 먼저 제시된 부정적인 문장이 초두 효과를 일으킨 것이다. 이 실험의 결과로 알 수 있는 것은 처음 접하는 정보가 무엇이냐에 따라 사람을 판단하는 인상에 큰 영향을 준다는 사실이다. 즉, 우리는 처음 받은 인상으로 '색안경'을 쓴다. 초두 현상이 일어나는 이유는 우리의 뇌가 보고 듣는 정보를 본능적으로 일관성 있게 받아들이려 하기 때문이다. 처음에 누군가에게 받은 인상이 좋은 것이라면 나중에 받은 정보도 일관성 있게 긍정적으로 받아들이려 하고, 처음에 받은 정보가 부정적이면 나중에 받은 정보가 긍정적이라도 무시하거나 선택적으로 받아들이고자 한다. 우리 뇌는 이처럼 처음 만든 '판단의 틀'을 쉽게 바꾸기 싫어한다. 예컨대, 처음 좋게 본 사람이 그 뒤에 조금 무뚝뚝해도 "그럴 수도 있지"라고 긍정적으로 해석한다. 하지만 처음 무뚝뚝한 사람이라고 판단했는데, 그 뒤에 웃으면 "왜 어색하게 웃지?"라고 받아들인다.

면접에서 1분의 자기소개는 이 첫인상을 형성하는 중요한 역할을 한다. 따라서 면접에서의 '1분 자기소개'는 단순한 소개가 아니라, 이후 면접관의 평가 전체를 좌우하는 출발점으로 작용할 수 있다. 그렇다면 이러한 소중한 첫 시작의 순간을 강한 첫인상을 남기는 기회로 활용할 수 있는 방법은 무엇일까? 단순히 자기소개서 요약이나 블로그에서 본 '좋은 예시'로 꾸며낸 것이 아니라, 자기만의 이야기를 풀어낼 수 있는 비책은 무엇인지 살펴보자.

질문 의도

면접관에게 자신을 어필할 수 있는 자기소개로 구조화하기 위한 첫 출발은 면접관이 자기소개에서 요구하는 의도를 정확히 파악하는 일이다. 면접관이 지원자에게 자기소개를 요청하는 주요 의도는 지원자가 '어떤 사람인지' 빠르게 파악하려는 것이다. 즉, 1분이라는 짧은 시간에, "같이 일하고 싶은 사람일까?", "성과를 낼 수 있을까?" 그리고 "빠르게 성장할 수 있는 사람일까?" 등을 종합적으로 판단할 수 있는 단서를 찾고자 한다. 좀 더 구체적으로 살펴보면, 다음의 다섯 가지로 정리할 수 있다.

첫째, 이 회사, 이 직무에 왜 지원했는지에 대한 동기와 그 동기에서 진정성을 확인하고자 한다. 이 질문에서 면접관은 회사에 오랫동안 헌신하면서 이 직무를 열심히 수행할 자세가 되어 있는지를 알고 싶은 것이다.

둘째, 지원자가 이 직무를 수행할 수 있는 기본 능력과 태도를 갖추고 있는지 판단하고자 한다. 업무와 연결된 능력과 태도를 확인하면서 실제 일을 잘할 수 있는 근거가 있는지 파악하고자 한다.

셋째, "우리 회사와 잘 어울릴 사람인가?", "다른 구성원들과 협력하는 데 문제가 없을까?" 등 조직 문화의 적합성Culture fit과 조직 적응 가능성을 확인한다. 책임감, 겸손, 자신감, 타인에 대한 존중과 같은 조직 적응에 적합한 성향이나 태도를 갖고 있다는 확신을 주지 못하면 감점 요소가 될 수 있다.

넷째, 이 회사에 입사해서 빠르게 성장해 나갈 수 있는지 살펴본다. 성장 가능성은 단순히 스펙이나 지식 수준이 아니라, 지원자가 보여 주는 능력과 태도, 그리고 잠재력에서 드러난다. 학습의 민첩성, 적극적이고 능동적인 태도, 문제 해결력, 관계 형성 능력 등이 이에 포함된다. 면접관은 자기소개 과정에서 메시지의 내용뿐만 아니라, 표정과 태도를 통해 이러한 역량을 종합적으로 판단하고자 한다.

다섯째, 면접관은 자기소개 내용을 단서로 하여 이후 지원자에게 확인하고 싶은 질문의 방향성을 잡고자 한다. 예컨대, 자기소개 과정에서 "고객의 니즈를 파악하고 그에 맞는 솔루션을 제시하는 과정에 보람을 느낍니다. 저는 아르바이트 경험 중 VIP 고객 응대를 맡으며 재구매 고객으로 전환시킨 사례가 있습니다"라는 답변이 있었다면 면접관은 '고객 대응 능력 또는 고객과 소통 능력에 자신이 있다는 거네.'라고 생각하며 지원자가 답변을 끝내자마자 "그 고객을 재구매 고객으로 만든 핵심 포인트는 뭐였나요?"라는 질문으로 이어 갈 것이다. 좀 더 공격적인 면접관이라면 "다른 직원과 차별화된 당신만의 응대 방식이 있었나요?"라는 질문으로 연결할 수도 있다.

따라서 지원자는 면접관이 계속 자신에게 관심을 갖고 질문할 수 있도록 자기소개에 어떤 내용으로 관심을 유도해야 할지, 그리고 후속 질문은 무엇이 될지 준비해야 한다. 이런 맥락에서, 자기소개는 단순히 자신을 소개하는 것을 넘어서 '면접에서 다뤄 주길 원하는 이야기' 중심으로 면접의 흐름을 설계하는 과정이 될 수 있다. 따라서 자신이 면접을 이끌고 싶은 방향성을 고려해서 자기소개를 구성하면 면접이 훨씬 유리하게 전개될 수 있다.

자기소개 답변의 선택지

면접에서 안타까운 장면 중 하나는 지원자들이 자기소개를 암기한 대본처럼 외워서 전달하는 경우이다. 외운 내용을 잊을까 두려워 시선은 불안하게 흔들리고, 목소리에는 힘이 없으며, 표정도 굳어 버린다. 당연히 책 읽는 말투와 억양, 경직된 표정으로 면접과 첫 대면을 한다. 면접관의 반응도 시큰둥하다. 첫 단추가 잘못 끼워졌다는 느낌을 받으며 지원자의 자신감은 곤두박질친다. 이런 상황을 경험하게 되면 이후 면접이 잘 이루어질 리가 없다. 그렇다면 이러한 곤란한 상황을 피하고, 자신감 있게 자신의 이야기를 풀어내듯 자연스러운 표정과 말투, 억양으로 표현하는 방법은 무엇일까?

그것은 자기 경험을 바탕으로 자신만의 메시지로 구조화하는 것이며, 그 구조화 방법은 다음의 세 가지이다. 이는 면접관에게 가장 잘 어필하기 위해 이야기의 중심축을 정하는 것과 같다.

▎답변의 선택지 1: 강점 중심형

'강점 중심형'은 "나는 이 직무에 필요한 강점을 명확히 갖춘 인재입니다"라는 것을 핵심 메시지로 이야기를 풀어 가는 방식이다. 우선 본인의 강점을 먼저 제시하고, 이를 뒷받침하는 경험을 나열한다. 이러한 전개 구조가 유용한 상황은 자신이 지원한 회사의 직무와 자신이 준비해 온 능력과 태도가 잘 맞는 경우이다. 학교 수업, 인턴, 프로젝트 등의 경험을 통해 충분히 자신의 강점을 일관성 있게 드러낼 수 있는 경우에 적합한 답변 구조이다. 하지만 단순히 장점들의 나열로 끝난다면 자칫 일방적인 자기 자랑으로 비추어질 수 있어서 설득력 있는 이야기의 서사가 뒷받침되어야 한다. 구체적으로 전개 흐름과 이야기 패턴을 제시하면 다음과 같다.

강점 중심형의 답변 흐름과 패턴

	흐름	전개 패턴
1	자신의 강점을 바탕으로 지원했음을 밝힘	"안녕하세요. (강점)으로 (지원 직무)에 지원하는 ○○○입니다."
2	강점을 위해 준비한 경험과 역량(직무 역량·조직 문화·조직 적응력) 설명	"저는 인턴십과 프로젝트에 참여하면서 (강점)을 발휘하려 노력해 왔습니다. 특히 기억에 남는 건, (인턴·프로젝트·아르바이트 등)에서 (과제 수행 활동)을 하면서 저의 (능력·태도)를 발휘하고, 그 결과로 (성과 기여)를 한 경험이었습니다. 저는 그 과정에서(조직 문화·조직 적응에 적합한 능력·태도)를 배웠습니다."
3	강점이 회사·직무에 핏함을 강조	"저의 (강점)과 (경험)이 귀사의 (직무 철학·사업 방향·조직 문화)에 잘 맞다고 생각하여 지원하게 되었습니다."
4	성장의 의지와 포부 제시	"앞으로도 이 강점을 바탕으로 (경력 목표)로 성장하고 싶습니다."

앞서 설명한 '강점 중심형'의 전개 흐름과 패턴에 맞춰 다음과 같이 사례를 제시할 수 있다.

"안녕하세요. 사용자 중심 사고와 협업 기반 개발을 강점으로 프론트엔드 개발 직무에 지원하는 ○○○입니다. ▶**(자신의 강점을 바탕으로 지원했음을 밝힘)** 저는 인턴십과 프로젝트에 참여하면서 단순히 기능을 개발하기보다 사용자 중심에서 기술을 구현하고자 노력해 왔습니다. 특히 기억에 남는 건, ○○○산학연계 프로젝트에서 팀원들과 함께 사용자 데이터를 분석하고, 유저 플로우를 설계하는 능력을 발휘하여 기능 구조를 바꿨고, 그 결과 사용자의 이탈률을 줄이고 주요 기능 사용률을 높인 경험이었습니다. 저는 그 과정에서 팀원들과 함께 서로의 생각을 조율하며 가설을 세웠고, 피드백을 주고받으며 앱 프로토타입을 개발하면서 소통과 협력의 중요성을 배웠습니다. **▶(강점을 위해 준비한 경험과 역량 설명)** 이처럼 사용자 중심의 문제해결 능력과 협업 기반의 기술 개발 경험은 귀사처럼 유저 중심으로 빠르게 협업하는 개발 문화를 가진 회사에서 더욱 잘 발휘될 수 있다고 생각해서 지원하게 되었습니다. **▶(강점이 회사·직무에 핏함을 강조)** 저는 이 회사에서 사용자 중심의 프론트엔드 개발자로 지속적으로 성장하고 싶습니다. 감사합니다.” **▶(성장 의지·포부 제시)**

▍답변의 선택지 2: 경력 목표형

‘경력 목표형’은 “내가 어떤 경력을 쌓아 왔고, 앞으로 어떤 방향으로 성장하고 싶다”라는 것을 강조하는 방식으로, 지원 직무와 자신의 커리어 방향이 일치한다는 점을 강조한다. 다시 말해서, “나는 회사에서 경력 목표를 실현하고 싶은 사람입니다”라는 메시지를 전달하는 전략이다. 이러한 방식을 사용할 때는 자신이 스펙에서 쌓은 역량보다 회사에서 경력 목표를 이루고 싶은 이유를 드러내는 것이 유리한 경우이다. 일반적으로 자기소개는 강점 중심으로 풀어나가는 경우가 많지만, 때로는 ‘나의 경력 목표와 방향’을 중심으로 풀어 나가는 것이 더 효과적인 상황이 있다. 이런 상황을 몇 가지 들어 보자.

첫째, 자신의 직무 경험이 아직 부족하다고 생각할 때이다. 지원자는 회사가 요구하는 수준의 직무 전문성이 충분하지 않다고 느낄 수 있다. 이런 경우, 장기적 성장 의지와 목표를 중심으로 이야기를 전개하는 것이 자신감을 유지하는 데 도움이 될 수 있다. 둘째, 지원 직무와 과거 경험이 직접적으로 연결되지 않는 경우이다. 이때 과거 경험에서 강점만 강조하면 면접관은 '왜 이 직무이지?'라는 의구심이 생길 것이다. 이런 상황에서는 앞으로 나아가고자 하는 경력 방향을 먼저 제시한 후, 그 안에서 과거 경험이 어떻게 경력 목표를 이루는데 밑거름이 되는지를 설명하는 것이 유리하다. 셋째, 지원 회사가 강조하는 가치(예: 친환경, 글로벌 확장, AI 혁신 등)와 자신의 경력 방향이 일치한다면, 강점을 강조하는 것보다 자신이 회사가 추구하는 가치 속에서 미래를 함께할 수 있는 사람임을 강조하는 자기소개가 더 강력할 수 있다. 예컨대, 패션 마케팅 지원자가 글로벌 마케팅 전문가를 목표로 삼고 중국어를 꾸준히 익혀 왔다고 하자. 그런데 마침 지원한 기업이 중국 진출을 추진하면서 중국어 역량을 갖춘 인재가 필요했다. 그는 자신의 경력 목표가 회사의 글로벌 확장 전략과 맞닿아 있으며, 그에 맞춰 꾸준히 준비해 왔음을 어필했다. 결국 경쟁이 치열했음에도 불구하고 그 지원자가 선택받을 수 있었다. 이처럼 지원자가 경력 목표형을 잘 사용하면, 면접관에게 '이 사람은 우리 회사와 함께 오래 성장할 사람'이라는 믿음을 줄 수 있다. 다음은 경력 목표형의 전개 흐름과 패턴을 소개한 것이다.

	흐름	전개 패턴
1	경력 목표를 이루기 위해 지원했음을 밝힘	"저는 (경력 목표)로 성장하고 싶은 OOO입니다. 구체적으로 (어떤 전문성으로, 무엇에 기여하는) 전문가로 성장하고 싶습니다."
2	경력 목표를 위해 준비한 경험과 역량 설명	"이 목표를 위해 지금까지 (인턴·프로젝트·아르바이트 등)에서 (과제 수행 활동과 성과 기여)를 하면서 (능력·태도)를 키운 경험이 있습니다. 그 과정에서 저는 (조직 문화·조직 적응에 적합한 능력·태도)를 익혔습니다."
3	이 회사에서 그 목표를 이루고 싶은 이유(지원 동기로서, 자기 경력 목표−준비한 경험−역량이 회사·직무와 연결됨을 강조) 설명	"특히 귀사는 (사업 방향성·조직 문화)를 가지고 있어, 저의 경력 목표를 실현하고 저의 역량을 펼칠 수 있는 곳이라고 생각했습니다."
4	조직과 함께 성장하고자 하는 의지 강조	"앞으로도 저의 (강점)을 바탕으로 더 전문가로 성장하며 회사에 기여하고 싶습니다."

'경력 목표형' 자기소개를 전개 흐름과 패턴에 맞춰 예시하면 다음과 같다.

"안녕하세요. 저는 기능성과 라이프스타일을 연결하는 MD, 즉 트렌드를 분석하고, 시즌별 상품 라인업을 기획하며, 생산부터 판매까지 전 과정을 조율하는 전문가로 성장하고 싶은 ○○○입니다. 저는 단순히 유행을 따르는 게 아니라, 소비자의 일상 속에서 트랜드와 기능성이 공존하는 상품을 기획하는 역량을 바탕으로, 회사의 '일상 속 패션과 기능성'이라는 브랜드 가치를 높이는 MD로 성장하고자 합니다. ▶**(경력 목표를 이루기 위해 지원했음을 밝힘)** 이 목표를 위해 지금까지 여러 패션 프로젝트에서 어떻게 트렌드와 실용성의 균형을 기획에 반영할 수 있는지를 고민해 왔고, 편집숍 인턴십에서는 고객 반응을 관찰하며 진열 방식과 재고 흐름 개선에 기여한 경험이 있습니다. 이 과정에서 기획력과 현장 감각을 함께 키울 수 있었고, 동시에 현장의 목소리를 존중하며 협업하는 태도와 빠르게 실행하고 개선으로 연결하는 조직 적응력을 익혔습니다. ▶**(경력 목표를 위해 준비한 경험과 역량 설명)** 특히 귀사는 단순한 패션 브랜드가 아니라 기능성 웨어를 통해 고객의 일상과 문화를 변화시키는 브랜드 철학을 실천하고 있다고 생각합니다. 저는 이러한 방향성이 제가 추구하는 경력 목표 그리고 준비해 온 경험과 가장 잘 연결될 수 있는 지점이라고 느꼈습니다. ▶**(이 회사에서 그 목표를 이루고 싶은 이유(지원 동기) 설명)** 앞으로 지금까지 준비한 기획력과 현장 경험을 바탕으로, 회사의 비전을 실현하는 데 기여하며 조직과 함께 성장하는 MD가 되고 싶습니다."▶**(조직과 함께 성장하고자 하는 의지 강조)**

| 답변의 선택지 3: 개인 서사형

개인의 '서사敍事'는 개인의 삶에서 일어난 사건들을 의미 있게 엮어 낸 이야기를 뜻한다. 단순한 사실의 나열이 아니라 그 사람이 겪은 특별한 경험이 개인의 판단과 행동에 어떤 영향을 주었는지에 중점을 두고 설명해 나가는 이야기 구조이다. 개인 서사형의 핵심은 "내가 이 직무를 선택한 이유와 계기, 과정을 나만의 인상 깊은 스토리로 보여 준다"는 데 있다. 즉, "나는 이 직무·업계를 선택할 수밖에 없었던 이유가 있습니다"라고 시작하는 것이다. 이런 자기소개가 유용한 상황이 있다. 그것은 자신이 지원하는 직무가 전공과 일치하지 않는 경력 전환을 하는 경우이다. 이때는 그런 선택을 왜 했는지 선택의 동기를 밝히고, 선택 이후의 준비 과정의 진정성을 보여 줘야 지원 직무의 선택에 대한 신뢰를 얻을 수 있다. 그런데 꼭 지원 직무와 전공이 불일치하는 지원자만 서사형을 사용할 이유는 없다. 만약 '이 사람은 이 길을 걸을 수밖에 없네.'라는 인상을 줄 수 있는 특별하거나 감동적인 사건·계기가 있다면 개인 서사형은 그 어떤 자기소개 유형보다 강력할 수 있다. 하지만 자칫 사건·계기가 억지스럽게 느껴지고 이야기 구조가 흐트러지면 유치하거나 이야기가 산만해질 수 있는 위험이 있다. 이 개인 서사형의 흐름과 패턴은 다음과 같다.

<h3 style="text-align:center">개인 서사형의 답변 흐름과 패턴</h3>

	흐름	전개 패턴
1	회사의 지원 직무에 관심을 갖게 된 계기·사건 소개	"안녕하세요. 저는 (경력 목표·포부)를 이루고 싶어 지원한 ○○○입니다. 제가 처음 (지원 직무 분야)에 관심을 갖게 된 계기는 (사건을 겪으면서 또는 과제 수행을 하면서)였습니다. 당시 (진로 변화의 계기가 되는 경험)을 통해 (지원 직무 분야)의 중요성을 깨달았습니다."

	흐름	전개 패턴
2	그것이 자신의 진로·가치관에 끼친 영향 제시	"그 계기로 저는 (지원 직무 분야)에 더 흥미를 갖게 되었습니다. 이후 타 전공자였던 저는 (지원 직무 분야의 능력·태도를 준비하는 활동)에 참여하였고, 그 결과, (성과·기여)를 만들어 냈습니다."
3	진로 준비 과정에서 경험한 강점 설명	"이 경험은 제게 (직무 능력·태도)를 쌓고 발휘하는 기회였습니다. 그 과정에서 저는 동시에 (조직 문화·조직 적응력과 관련된 능력·태도)를 배울 수 있었습니다."
4	회사·직무의 지원 동기(자신의 강점이 회사 직무와 연결) 강조	"특히 귀사는 (직무 철학·사업 방향·조직 문화)를 가진 조직이고, 저 역시 귀사의 조직과 직무에 적합한 (능력·태도)를 잘 발휘할 수 있다는 생각에 지원하게 되었습니다."

다음은 소프트웨어 개발자가 UXUser Experience 직무(사용자가 제품이나 서비스를 사용할 때 겪는 전체 경험을 설계하고 개선하는 일)를 지원하는 상황을 서사형 자기소개의 이야기 구조로 전개한 예시이다.

"안녕하세요. 저는 사용자 공감에서 출발해, 기술로 사용자 경험을 개선하고 싶은 ○○○입니다. UX에 관심을 처음 갖게 된 계기는 코로나 시기에 유기견 보호소에서 유튜브 콘텐츠를 만들 때였습니다. 당시 입양이 끊긴 상황에서 단순한 정보 전달만으로는 사람들의 행동을 바꾸기 어렵다는 걸 체감했고, 이때부터 사람을 움직이게 하는 건 '사람 마음의 이해와 공감력 있는 접근'이란 걸 배웠습니다. ▶

　　　　　　　　　　　　　　　　　　면접 썰기

(회사의 지원 직무에 관심을 갖게 된 계기·사건 소개) 소프트웨어 전공자였던 저는 그 경험을 계기로, 단순한 기능 구현보다 사용자 중심의 문제 정의와 경험 설계에 더 큰 흥미를 느끼게 되었고, 이후 UX 학원과 부트캠프를 다니며 사용자 여정 분석, 정성적 인터뷰, 사용자 데이터 기반 기능 개선 등을 실습해 왔습니다. ▶**(그것이 자신의 진로·가치관에 끼친 영향 제시)** 이 경험은 저에게 UX 능력뿐만 아니라, 소프트웨어 전공을 살려 기술적으로도 구현 가능한 플랫폼 여정을 설계할 수 있는 직무 역량을 쌓고 발휘하는 기회였습니다. 그 과정에서 저는 동시에 다양한 전공자·이해관계자와 협업하며 문제를 조율하는 태도, 빠른 피드백 속에서 개선을 이어 가는 조직 적응력을 배울 수 있었습니다. ▶**(진로 준비 과정에서 경험한 강점 설명)** 특히 귀사는 사용자의 일상 속 문제를 민감하게 포착하고 빠르게 개선하는 플랫폼 회사라고 생각합니다. 저 역시 이러한 환경에서, 공감과 기술을 연결하는 실행력 있는 UX 전문가로 성장하고 싶어 지원했습니다."▶**(회사·직무의 지원 동기 강조)**

지금까지 세 가지 자기소개의 답변 전략, 즉 강점 중심형, 경력 목표형, 개인 서사형을 살펴보았다. 그러나 어떤 이야기 구조를 선택하든, 자기소개가 설득력을 확보하기 위해서는 반드시 전제가 필요하다. 그것은 바로 '나는 누구인가', '무엇을 중요하게 생각하는가', 그리고 '무엇을 잘할 수 있는가'에 대한 자기 이해이다. 이 자기 이해는 남들의 시선을 따라가는 것이 아니라, 자신만의 기준과 자기 평가에서 출발해야 한다. 내면의 신념에 따라 기업과 직무에 대한 우선순위를

정할 수 있을 때 취업 준비는 무분별한 지원이 아니라 선택과 집중을
가능하게 하는 효율적인 과정이 될 수 있다.

자기소개의 중요성

자기소개는 '이 지원자를 어떤 시선으로 바라볼 것인가'를 정하는 순간이다. 우리 뇌는 처음 받은 인상이 프레임이 되어 그것을 기준으로 이후 정보를 해석한다. 잘 시작하면 질문이 기회로, 불안하게 시작하면 질문이 검증으로 바뀐다. 따라서 지원자 입장에서 자기소개는 '나를 어떻게 기억해 달라'고 설계하는 것이다. 즉, 자기소개는 '정보 전달'이 아니라 '인상 설계'의 순간이다. 어떤 키워드를 남길지, 어떤 태도를 보여 줄지 전략적으로 준비해야 하는 이유가 여기에 있다.

질문 의도

1분이라는 짧은 지원자에 대한 탐색을 통하여 "이 사람을 우리 조직에 데려왔을 때 믿고 맡길 수 있을까?", "같이 일하고 싶은 사람일까?" 그리고 "성과를 낼 수 있을까?"를 종합적으로 판단할 수 있는 단서를 찾고자 한다.

면접관이 확인하는 핵심 단서

핵심 단서	점검 포인트	확인 내용
지원동기	"왜 우리 회사인가?" "왜 이 직무에 진심 인가?"	회사와 직무에 대한 관심과 이해, 지원 이유가 자신의 가치관·강점·경력 목표와 연결된 것인지 여부
직무 적합성	"이 일을 해낼 수 있을까?" "지금부터 바로 투입해도 될까?"	단순히 스펙 쌓기가 아니라 경험으로 뒷받침된 직무에 요구되는 현실적 능력과 태도
조직 문화 적합성·조직 적응 가능성	"우리 팀·조직과 어울릴 수 있을까?" "같이 일하고 싶은 사람인가?"	소통과 협업 태도, 문제해결 능력 등 조직 문화·조직 적응력
성장 가능성	"맡긴 일 이상을 해낼 수 있을까?" "앞으로 더 성장할 사람인가?"	자기소개 과정에서 빠른 학습 능력, 협력 태도, 능동적인 태도, 개방성 등 성장 요소 확인 및 관찰

답변의 선택지별 자기소개의 구조화 방법

자기소개의 답변 선택지별로 말하는 순서와 강조 지점이 다르며, 지원자의 경험과 상황에 따라 선택적으로 활용할 수 있다. 자기소개의 답변 선택지는 '강점 중심형', '경력 목표형', '개인 서사형'으로 구분할 수 있다.

답변 선택지 1: 강점 중심형

특징: 본인의 핵심 강점을 빠르게 어필하고, 그 근거 경험을 연결

하는 방식이다.

답변 흐름과 패턴:

1) 자신의 강점을 바탕으로 지원했음을 밝힘:

"안녕하세요. (강점)으로 (지원 직무)에 지원하는 ○○○입니다."

2) 강점을 위해 준비한 경험과 역량(직무 역량·조직 문화·조직 적응력) 설명:

"저는 인턴십과 프로젝트에 참여하면서 (강점)을 발휘하려 노력해 왔습니다. 특히 기억에 남는 건, (인턴·프로젝트·아르바이트 등)에서 (과제 수행 활동)을 하면서 저의 (능력·태도)를 발휘하고, 그 결과로 (성과 기여)를 한 경험이었습니다. 저는 그 과정에서 (조직 문화·조직 적응에 적합한 능력·태도)를 배웠습니다."

3) 강점이 회사·직무에 핏함을 강조:

"저의 (강점)이 귀사의 (직무 철학·사업 방향·조직 문화)에 잘 맞는다고 생각하여 지원하게 되었습니다."

4) 성장의 의지와 포부 제시:

"앞으로도 이 강점을 바탕으로 (경력 목표)로 성장하고 싶습니다."

| 자기소개 선택지 2: 경력 목표형

특징: 자신이 되고 싶은 경력 목표를 먼저 제시하고, 그 준비 과정에서 습득한 강점을 바탕으로 회사에서 자신의 경력 목표를 실현할 수 있음을 강조한다.

답변 흐름과 패턴:

1) 경력 목표를 이루기 위해 지원했음을 밝힘:

"저는 (경력 목표)로 성장하고 싶은 ○○○입니다. 구체적으로 (어떤 전문성으로, 무엇에 기여하는) 전문가로 성장하고 싶습니다."

2) 경력 목표를 위해 준비한 경험과 역량 설명:

"이 목표를 위해 지금까지 (인턴·프로젝트·아르바이트 등)에서 (과제 수행 활동과 성과 기여)를 하면서 (능력·태도)를 키운 경험이 있습니다. 그 과정에서 저는 (조직 문화·조직 적응에 적합한 능력·태도)를 익혔습니다."

3) 이 회사에서 그 목표를 이루고 싶은 이유(지원 동기로서 자기 경력 목표-준비한 경험-역량이 회사·직무와 연결됨을 강조) 설명:

"특히 귀사는 (사업 방향성·조직 문화)를 가지고 있어, 저의 경력 목표를 실현하고 저의 역량을 펼칠 수 있는 곳이라고 생각했습니다. 특히 귀사는 (사업 방향성과 조직 문화)를 가지고 있어 저의 경력 목표를 실현하고 저의 역량을 펼칠 수 있는 곳이라고 생각했고,"

4) 조직과 함께 성장하고자 하는 의지 강조:

"앞으로도 저의 (강점)을 바탕으로 더 전문가로 성장하며 회사에 기여하고 싶습니다."

┃ 답변 선택지 3: 개인 서사형

특징: 지원 직무와 관련된 진로의 시작 계기와 전환점을 중심으로 '나의 변화 과정'을 강조한다.

답변 흐름과 패턴:

1) 회사의 지원 직무에 관심을 갖게 된 계기·사건 소개:

"안녕하세요. 저는 (경력 목표·포부)를 이루고 싶어 지원한 ○○○
입니다. 제가 처음 (지원 직무 분야)에 관심을 갖게 된 계기는 (사건을
겪으면서 또는 과제 수행을 하면서)였습니다. 당시 (진로 변화의 계
기가 되는 경험)을 통해 (지원 직무 분야)의 중요성을 깨달았습니다."

2) 그것이 자신의 진로·가치관에 끼친 영향 설명:

"그 계기로 저는 (지원 직무 분야)에 더 흥미를 갖게 되었습니다.
이후 타 전공자였던 저는 (지원 직무 분야의 능력·태도를 준비하는
과정)에 참여하였고, 그 결과, (성과·기여)도 만들어 냈습니다."

3) 진로 준비 과정에서 경험한 강점 설명:

"이 경험은 제게 (직무 능력·태도)를 쌓고 발휘하는 기회였습니다.
그 과정에서 저는 동시에 (조직 문화·조직 적응력과 관련된 능력·태
도)를 배울 수 있었습니다."

4) 회사·직무의 지원 동기(자신의 강점이 회사 직무와 연결 강조)
강조:

"특히 귀사는 (직무 철학·사업 방향·조직 문화)를 가진 조직이고,
저 역시 귀사의 조직과 직무에 적합한 (능력·태도)를 잘 발휘할 수
있다는 생각에 지원하게 되었습니다."

답변 사례

개인 서사형 사례: 플랫폼 PMProduct Manager(사용자의 문제와 비

즈니스 목표를 연결해, 플랫폼 서비스를 기획·조율·성장시키는 총괄 기획자) 지원자(심리학 전공자/비전공자)

"안녕하세요, 저는 사용자 이해에서 출발해 실제 차별화된 서비스로 구현해 나가는 플랫폼 PM이 되고 싶은 ○○○입니다. 심리학을 전공하며 사람들의 감정과 동기에 관심을 가져왔는데, 교내 산학 프로젝트에서 사용자 조사를 하는 과정에서 저는 '이해에서 그치면 행동은 바뀌지 않는다. 서비스로 이어져야 한다.'라는 걸 절실히 느꼈습니다. 그때부터 소프트웨어를 공부하기 시작했습니다. 대학 사이드 프로젝트에서는 플랫폼 기능 개선을 맡아 사용자 여정 분석과 데이터 기반 문제 정의, 프로토타입 검증 과정을 조율하며, PM은 문제를 정의하고 팀이 같은 방향으로 움직이게 하는 사람이라는 것을 배웠습니다. 이 과정에서 기획·조율 역량을 키웠고, 개발자·디자이너와 협업하며, Notion, Figma, API 문서화 같은 협업 툴(PM이 디자이너, 개발자와 소통·정리·협업할 때 쓰는 도구)을 활용해 실행력을 높였습니다. 귀사가 사용자 불편을 빠르게 포착하고 다양한 부서와 협업하는 문화를 중요하게 여긴다는 점에서 저와 잘 맞는다고 생각했습니다. 공감에서 출발해 실행으로 연결하는 저의 강점을 살려, 사용자와 비즈니스 모두에 기여하는 PM으로 성장하고 싶습니다."

면접 썰기

Chapter 2

비언어적 인상 관리

"표정과 자세는 말보다 빠르다."

면접에서 답변의 내용 못지않게 중요한 것은 비언어적 인상관리
다. "면접관은 내 말을 듣는 것뿐 아니라, 동시에 내 태도를 읽는다."

행동심리학자 앨버트 메라비언Albert Mehrabian의 메라비언 법칙
에 따르면, 인상을 결정하는 데 있어 시각적 요소(표정, 자세, 몸짓)
가 55%, 청각적 요소(말투, 억양, 목소리)가 38%, 언어적 요소(말의
내용)가 7%를 차지한다.[2] 즉, 면접에서는 말의 내용보다 표정·목소
리·몸짓 등 비언어적인 신호가 훨씬 더 큰 영향을 미친다.

실제 연구에서도 미소 짓기·손동작·시선 맞추기·고개 끄덕임과
같은 비언어적 전략을 활용했을 때 지원자의 성격 평가에 긍정적인
영향을 주는 것으로 나타났다. 한국심리학회지에 실린 《면접에서 지
원자의 인상관리 전략이 성격 평정에 미치는 영향》 연구에 의하면[3],

이러한 비언어적 전략을 잘 활용한 지원자는 외향성, 원만성, 성실성, 정서적 안정성, 개방성(새로운 호기심과 수용성을 보이며 창의적임)에서 높은 평가를 받았다. 다시 말해, 지원자가 면접관과 시선을 맞추고, 미소 짓고, 자연스럽게 손동작을 사용하고, 고개 끄덕임을 통해 동의를 표할 때 면접관은 지원자를 원만하고, 성실하며 안정된 사람으로 생각한다.

나 또한 이러한 연구 결과를 정확하게 재현하는 경험을 한 적이 있다. 한 스타트업의 경력 채용을 도와주던 상황에서였다. 임원 면접에서 한 지원자가 눈에 띄었다. 그의 밝은 미소와 목소리, 안정된 자세, 적절한 말의 속도 등에서 긍정적 에너지가 느껴졌다. 경력만을 기준으로 평가했다면 다른 후보자를 선택했겠지만, 나는 경력보다 이 긍정적 에너지를 높이 샀다. 뭐든 어렵고 새로운 어떤 일을 시켜도 수용력 있게 받아들이고, 동료들에게 우호적이고, 상사의 피드백에 긍정적인 자세로 임할 것이라는 느낌이 들었던 것이다. 그래서 회사에 이 후보자를 추천했다. 나의 예측은 틀리지 않았다. 이후 그는 긍정적 에너지를 부서에 확산시키고, 빠른 학습 능력을 보이며, 잘 적응해 나가고 있다. 이는 단순히 말을 잘하는 것보다 태도와 표현에서 드러나는 신호가 면접 평가에 더 중요할 수 있다는 사실을 말해 준다.

면접에서 비언어적 인상관리의 요령

좋은 면접은 이처럼 내용만큼이나 비언어적 표현에서 힘을 얻는

면접 썰기

다. 진심이 담긴 내용도 이에 적합한 비언어적 표현과 맞닿아 있지 않다면 설득력을 잃는다. "열심히 하겠습니다"라는 말도 눈을 피하거나 어깨를 움츠린 채 말하면 진심이 느껴지지 않는다. 반대로 자연스러운 미소, 또렷한 발성, 안정된 시선과 자세가 뒷받침될 때, 같은 말이라도 훨씬 더 진정성 있게 다가온다. 결국 중요한 것은 '말의 진심을 표현으로 보여 주는 것'이다. 말과 비언어적 태도가 일치할 때 지원자는 면접관에게 호감과 신뢰를 동시에 줄 수 있으며, 이때 면접관은 서류에서 눈을 떼고 지원자에게 집중하게 된다. 그 순간은 바로 면접이 성공적으로 진행되고 있음을 보여 주는 분명한 신호다.

따라서 면접관에게 좋은 인상을 주기 위해서는 훌륭한 답변 내용만큼이나 상황에 맞는 비언어적 표현에 대해 신경을 써야 한다. 면접에서 비언어적 인상관리는 자기소개 순간에만 필요한 것이 아니다. 지원자는 입장부터 퇴장까지, 그리고 면접관의 질문을 듣고 답변하는 전 과정에 걸쳐 자신의 비언어적 신호가 면접관에게 어떻게 평가받는지에 집중해야 한다. 그렇다면 면접 전 과정에서 준비된 답변을 효과적으로 표현하기 위해서 표정·시선·자세·목소리·손동작·경청 태도까지 전반적인 비언어적 표현을 어떻게 관리할지 그 요령에 대해 살펴보자.

첫째, 자신감 있고 밝은 첫인상으로 시작한다. 입장할 때는 자신감 있게 똑바로 걸어 들어온다. 고개를 숙이고 위축된 모습으로 들어오게 되면 면접관에게도 수동적인 느낌을 주고 동시에 자기 자신도 자신감이 떨어진다.

자리에 앉을 때는 무겁게 푹 주저앉거나 등을 등받이에 기대지 말고 등을 곧게 세우고 단정하게 앉는다. 자리에 앉는 모습에서 긴장하고 있거나 아직 준비가 안 되어 있다는 인상이 아닌, 자신감 있고 적극적인 모습을 보여 줄 수 있어야 한다.

자리에 앉고 나서 인사할 때는 허리를 30도 정도 숙이면서 "안녕하세요. ○○○입니다."라고 또렷이 말한다. 자기소개는 좋은 첫인상을 관리하는 데 가장 중요한 순간이다. 첫 답변은 긴장되기 때문에 특히 중요한 것은 말의 호흡과 속도를 잘 조절해야 한다. 긴장하면 말이 빨라지거나 호흡이 짧아지는데, 이는 불안감을 드러낸다. 안정된 호흡과 적절한 속도는 신뢰감을 준다.

둘째, 면접 중 말할 때 시선과 표정, 손 처리가 중요하다. 질문에 답변할 때는 질문한 면접관의 눈을 2~3초 정도 바라보다가 시선을 다른 면접관들에게 고르게 분배(줌 면접이면 카메라 정면)한다. 거의 시선을 맞추지 않으려고 계속 아래를 보거나 상대의 눈을 뚫어지게 쳐다보는 것도 조심해야 한다.

표정은 자연스럽게 미소 짓는 것이 호감을 주지만, 답변의 내용에 따라서는 진지한 모습을 띠며 표정을 조절할 수 있어야 한다. 면접에서 질문에 대한 답을 할 경우, 상황에 따라서는 준비된 내용을 바로 쏟아 내기보다, 1~2초간 짧게 생각하는 여유를 가지는 것도 침착함과 자신감을 보여 줄 수 있다.

손의 위치는 무릎 위 또는 테이블 위에 가지런히 올린다. 손을 테이블에 올려놓을 때는 왼손 위에 오른손을 올리거나, 반대로 포개는 것이 자연스러우면서 안정돼 보인다. 손각지를 낀 채 테이블 위에 올려놓는 사람이 있는데, 경직되어 있거나 불안감의 신호로 보일 수 있다. 때로는 주먹을 쥐고 자신의 어깨너비로 테이블에 손을 올려놓는 사람도 간혹 보게 되는데 이는 상당히 거만하거나 권위적으로 보일 수 있기 때문에 반드시 피해야 할 자세다.

셋째, 면접 중 옆에 앉은 다른 응시자가 답변할 때 경청의 자세를 취한다. 면접 중 다른 지원자의 답변에 관심을 보이고 경청하고 있다는 것을 보이는 태도는 상상하는 것 이상으로 면접관에게 긍정적 신호로 전달될 수 있다. 면접관은 지원자들의 말뿐만 아니라 자세나 표정도 자세하게 관찰하기 때문에 다른 지원자가 답변하는 중간에 가끔씩 고개를 끄덕이는 행동은 답변 내용에 대해 공감하거나 존중을 표현하려는 행위로 해석할 수 있다. 이는 자기중심적이지 않고, 성숙한 사회성이 있는 사람으로 여겨질 수 있다. 하지만 너무 자주 고개를 끄덕이거나 과장된 고개 끄덕임은 답변을 평가하거나 편을 드는 것처럼 느껴질 수 있다. '나는 내 답변에 집중하고 있지만, 다른 사람 말도 경청하고 있습니다.'라는 느낌으로, 절제된 표현이 좋다. 고개 끄덕임은 짧으면서도 적당하게, 그리고 표정은 중립적이면서 공감적인 인상을 보이는 것이 좋다. 자신의 차례가 아닐 때는 과도한 존재감을 드러내지 말아야 하는 것이 면접의 원칙이지만, 두 번 정도 조용하게 끄덕이는 것은 오히려 플러스 요소가 될 수 있다는 것을 염두해 두자.

　"표정과 자세는 말보다 빠르다"라는 것을 항상 의식하면서 자신이 현재 어떤 비언어적 인상을 주고 있는지 점검할 수 있어야 한다. 물론 면접 중에 질문 내용과 답변에 집중하다가 보면 미처 자신의 비언어적 신호가 상대방에게 어떻게 전달되고 있는지 신경을 쓸 겨를이 없겠지만, 사전에 충분한 연습을 통해 자연스럽게 자신의 표정과 태도를 조절할 수 있도록 하자.

　결국 면접의 설득력은 말뿐 아니라 태도에서 완성된다.

비언어적 인상관리 체크리스트

입장 및 첫인상
□ 문을 열고 들어올 때 밝은 표정과 또렷한 인사
□ 고개를 들고 자신감 있는 걸음걸이로 입장하기
□ 자리에 앉을 때 등을 곧게 세우고 단정히 앉기(푹 주저앉거나 의자에 기대지 않기)
□ 손은 무릎 위 또는 테이블 위에 두 손을 자연스럽게 포개어 안정적으로 두고, 필요할 때만 자연스러운 제스처 사용하기
□ 자기소개 시, 너무 긴장하여 한꺼번에 내용을 쏟아 내지 않고, 목소리는 또렷하고 안정된 톤으로, 호흡을 조절하며 너무 빠르지 않게 말하기

질문에 답변
□ 질문한 면접관과 2~3초 시선을 맞추고, 다른 면접관에게도 고르게 분배하기
□ 자연스러운 미소를 기본으로, 내용에 따라 진지한 표정으로 조율하기
□ 답하기 전 1~2초 짧은 침묵을 활용해 여유와 자신감 보여 주기

경청 태도

☐ 다른 지원자나 면접관이 말할 때는 시선을 두고 집중해서 듣기

☐ 다른 지원자가 답변할 때 가볍게 고개를 끄덕이며 공감 신호 보내기(과도하거나 반복적인 끄덕임은 피하기)

☐ 공감적인 표정을 유지하며, 무표정·지루한 태도 피하기

마무리

☐ 마지막 질문이나 인사 때는 미소와 함께 또렷한 목소리로 감사 인사 하기

☐ 자리에서 일어나 퇴장할 때는 바른 자세와 자연스러운 걸음걸이 유지하기

꼭 면접 전에 거울 앞에서 또는 영상 촬영을 통해 연습하면서 체크리스트를 활용하기 바란다.

Chapter 3

함께 일할 사람을 확인하는 질문,
"왜 이 회사에 지원했는가?"

"보상, 기업 규모와 같은 외적 이유가 아니라,
지원자가 직업에서 찾고자 하는 목적·가치가 회사의
비전·사업 전략·핵심 가치·업의 특성과 깊이
연결되어 있다는 것을 보여 주어야 한다."

구직 플랫폼 사람인이 2025년 6월에 1,124개 기업을 대상으로 실시한 조사 결과[4]에 따르면, 전체 신규 입사자 중 28.9%가 1년 이내에 퇴사하는 것으로 나타났다. 특히 20대는 무려 37.5%가 1년 내 회사를 떠났으며, 신규 입사자의 평균 퇴사 시점은 5.2개월, 이 중 22.7%는 입사 3개월 이내에 퇴사하는 것으로 조사되었다. 퇴사 사유 1위는 '직무가 적성에 맞지 않음'(45.9%)이었고, 이어서 △'낮은 연봉·급여'(36.2%), △'조직 문화 불만족'(31.5%)이 뒤를 이었다. 이 조사 결과는 아무리 실력이 좋은 인재를 뽑더라도 그 개인의 소질이나 성향이 일과 일하는 방식과 맞지 않으면 퇴사로 이어진다는 것을 알려 준다. 이 사실을 잘 보여 주는 사례가 있어 소개하고자 한다. 지원자가 '왜 이 회사인가'를 깊이 고민하는 것이 얼마나 중요한지 시사하는 바가 크다.

몇 년 전 TV 프로그램 《유 퀴즈 온 더 블럭》에서 사회 복지 전공 후 도배사로 전직한 젊은 여성 도배사가 등장하여 화제가 된 적이 있다.

그녀는 사회복지학과 졸업 후 2년간 노인 복지관에서 근무했지만, 조직 문화에 회의감을 느껴 이직을 결심했다고 했다. 이 여성이 새로운 것을 시도하거나 도전해 보려고 하는 걸 노인 복지관에서는 별로 좋아하지 않았다는 것이다. 항상 그녀에게 돌아오는 답변은 "하던 대로 해라", "제일 좋으니까 그렇게 하는 거다"였다. 그래서 '굳이 자신이 아니더라도 누군가 이 일을 할 수 있지 않을까.'라는 생각이 들어 그 일을 그만두고 도배사란 기술직으로 전직했다. 그녀는 같은 직종으로 이직하지 않은 이유에 대해 비슷한 문제를 마주할 거 같기 때문이라고 말했다. 그리고 도배사로 이직한 이유에 대해서는 "내가 숙련된 기술을 가지고 있으면 중요한 존재로 인정받을 수 있다"라는 판단에서였다고 했다.

그녀는 일에서 자율적이면서도 자신의 성장을 중요시하는 타입이었다. 기관이 정해 놓은 일, 절차, 규칙보다 자신의 새로운 생각과 아이디어를 자신의 일에서 자유롭게 표현하고 성장하며 존재감을 느끼고 싶어 했다. 하지만 공공서비스형 복지 사업은 기업과 비교할 때 상대적으로 혁신과 변화보다는 안정적이고 예측 가능한 돌봄과 신뢰 확보를 중요시하는 경향이 있다. 자칫 새로운 시도에 따른 실패는 기관 평판에 좋지 않은 영향을 미칠 수 있는 것이다. 그래서 실패를 감당하기 어려워하고 새로운 시도를 자제할 수 있다. 게다가 사업 구

　　　　　　　　　　　　　　　　　　　　면접 썰기

조 또한 공공 예산에 의해 운영되는 특성상 성과보다 예산 집행의 투명성이 중요하기 때문에 변화의 필요성이 크지 않다. 이들이 중요시하는 사업의 목표와 가치는 사고 예방, 민원 건수 최소화, 법규 준수, 프로그램 참여율 등이다. 따라서 이러한 업의 특성과 사업 방식은 조직 전반에 안정·절차·규칙 중심의 문화를 형성하며, 이는 결국 구성원의 행동 방식을 예측 가능하고 안정적인 방향으로 유도한다.

그 여성은 비록 사회복지를 전공했지만, 노인 복지관은 그녀에게 맞는 직업이 아니었던 것이다. 당연히 그녀는 기관과 일에 정서적으로 연결될 수 없었고, 그 조직에 오랫동안 일하며 헌신할 수 없었다. 이 이야기는 개인이 일에서 중요시하는 가치가 회사가 추구하는 목표·가치와 일치하는 것이 얼마나 중요한지를 보여 주는 사례라 할 수 있다. 우리는 자신이 일에서 중요시하는 가치에 맞는 회사에서 일할 때 그 조직의 공동목표에 적극적으로 참여하고 헌신하는 조직몰입Organizational commitment으로 이어질 수 있다.

조직 심리학자, 브루스 모우데이Bruce E. Mowday는 조직몰입을 '개인이 자신이 속한 조직과 동일시하고 헌신하는 태도'라고 정의하며, 세 가지 특징을 제시한다.[5] 첫째, 조직의 목적과 가치를 강하게 수용하고, 둘째, 조직을 위해 기꺼이 노력하며, 셋째, 조직에 남고자 하는 욕구를 갖는 것이다.

결국 지원자에게는 자신에게 맞는 회사 선택이 중요하듯, 면접관은 "왜 이 회사인가?"라는 핵심 질문을 통해 단순히 역량 있는 사람이 아니라 회사와의 정서적 연결을 바탕으로 헌신할 수 있는 사람을 채용하고자 한다.

질문 의도

면접관이 "왜 이 회사를 선택했는가?"라는 질문을 던질 때, 그 의도
는 단순히 회사에 대한 관심도를 확인하려는 것이 아니다. 회사에 애
착을 갖고 헌신할 수 있는 사람을 분별하고자 함이다. 이를 위해서는
본질적으로 두 가지가 중요한 단서가 된다. 첫째는 지원자의 직업관
이고, 둘째는 그 직업관의 '회사 핏Company fit'이다. 여기서 회사 핏은
회사의 사업 방식과 조직 문화의 적합도를 의미한다.

직업관은 '나는 일을 통해 무엇을 추구하고자 하는지', 그리고 '일에
서 무엇을 중요시하는가'에 대해 답을 내리는 일관된 가치 판단 기준
이다. 다시 말해, 일을 하는 목적과 일을 대하는 태도를 결정하는 자
신의 중요한 가치이다. 사람마다 이 가치의 중심은 다르다. 어떤 이
는 안정과 질서를, 어떤 이는 성과를, 또 어떤 이는 일에서 의미를 느
끼는 것을 중요시한다. 그러나 우리는 독립된 하나의 가치만을 갖지
않는다. 우리의 내면에서 여러 가치가 동시에 작동하지만, 사람마다
그 우선순위가 다를 뿐이다. 중요한 것은 무엇이 그 사람을 움직이는
핵심 가치인가이다. 그리고 대부분의 경우, 한 가지 가치만이 아니라
두 가지 이상의 가치가 서로 결합되어 우리가 행동하는 이유가 된다.
그리고 '일하는 목적을 결정하는 가치'와 '일을 대하는 태도를 결정하

   면접 썰기

는 가치'는 서로 밀접하게 연결되어 있다. 즉, 우리가 일을 통해 무엇을 추구할지 기준이 되는 가치는 우리가 일에서 무엇을 중시하고 어떻게 일하느냐로 드러난다(이 두 가지 가치는 목적과 수단의 관계를 갖는다). 예를 들어, 성과를 추구하는 사람은 목표 달성, 경쟁, 인정, 효율을 중요시하고, 안정 가치를 추구하는 사람은 예측 가능성과 절차, 복지와 규칙을 선호한다. 자아실현을 지향하는 사람은 자율성, 창의성, 의미와 성장을 중요하게 여긴다. 이런 목적 가치(일의 목적을 결정하는 가치)와 수단 가치(일을 대하는 태도를 결정하는 가치)의 결합이 바로 한 사람의 직업관을 형성한다. 이러한 가치의 조합을 일을 통해 무엇을 얻고자 하는지에 따라 구분하면, 안정 추구형, 성과 추구형, 자아실현형으로 나뉜다. 안정 추구형은 안정된 조직 구조, 명확한 역할, 일관된 절차와 규칙, 장기 근속이 보장된 환경에서 안정감을 느낀다. 이런 사람들은 구체적 상황에서 경제적 안정, 고용의 지속성, 복리후생, 규율·절차 준수, 위험 회피를 중요시한다. 성과 추구형은 목표 달성, 경쟁, 인정 등을 통해 성장감과 자기 효능감을 느끼고, 결과 중심적이고 효율과 속도를 중시한다. 명확한 성과지표와 보상체계가 확실할수록 동기부여가 커진다. 자아실현형은 일이 자기표현의 수단이며, 내적 성장을 중요시한다. 이들은 자율적이고 도전적인 환경에서 자신의 유능성을 발휘하고, 사회적 기여를 할 때 일의 의미를 느끼며, 수평적 소통과 창의성, 능력개발, 사회적 책임감 같은 가치를 실천하며 자신을 드러낸다.

세 가지 직업관은 일에서 내가 무엇을 추구하는지, 그리고 어떤 일의 방식을 선호하는지를 말해 준다. 이 직업관을 앞서 사례로 든《유

퀴즈 온 더 블럭》 사례에 적용해 보면, 도배사로 이직한 젊은 여성의 직업관은 자아실현형이다. 그녀는 자율적이고 유능성 발휘를 통하여 일에서 자신을 표현하고 성장하고 싶어 했다. 그녀가 몰입할 수 있는 환경은, 명확하게 규정된 절차에 얽매이지 않고 자율적으로 자신의 생각과 아이디어를 발휘하고, 점차 실력을 쌓아가며 자신의 가치를 높일 수 있는 곳이다. 이 사례를 통하여 우리는 직업관이 회사의 환경과 일치하는 것의 중요성을 이해할 수 있을 뿐만 아니라, 지원자에 적합한 일하는 환경이 무엇인지에 대한 단서를 얻을 수 있다. 바로 이 지점은 면접관이 확인하고 싶어 하는 중요한 두 번째 관심사이다.

면접관은 회사의 일하는 환경에서 지원자의 직업관이 '통'할 수 있는가를 알고자 한다. 직업관의 회사 핏을 확인하는 일은 단순히 사람들의 일하는 방식을 규정하는 보이지 않는 규칙인 조직 문화에 한정되지 않는다. 회사가 속한 업業의 특성, 사업 방식(비즈니스 모델, 거래방식: B2B·B2C·C2C 등)과 전략적 방향까지 포함한다. 《유 퀴즈 온 더 블럭》의 젊은 도배사가 노인 복지관 직종을 떠난 것은, 그 기관의 일하는 환경이 그녀가 일에서 추구하고 중요시하는 가치와 상당한 거리감이 있었기 때문이다. 다시 말해, 그녀가 일에서 추구하는 가치와 중요시하는 일하는 방식에 영향을 준 것은 업의 특성(노인 복지 사업의 본질은 안정적이고 예측 가능한 돌봄과 신뢰 확보이다), 사업 방식(시장 경쟁을 통한 성과가 아닌 공공 예산에 의해 운영, 사업목표는 사고예방, 민원 건수 최소화, 법규 준수 등이다), 조직 문화

  면접 썰기

(안정, 절차 및 규칙 준수 중심의 문화 형성)였다.

결국 면접관은 이러한 회사의 업의 특성·사업 방식·조직 문화와 지원자의 직업관이 잘 맞는가를 확인한다. 예를 들어, 성과 중심적인 엔지니어는 안정된 제조업보다 플랫폼 업에 속한 회사를 선호할 가능성이 크다. 경력 시장이 더 크고, 옮겨 다니며 몸값을 높이는 기회가 많기 때문이다. 그리고 안정 지향적이라서 체계와 질서를 중요시하는 사람은 시장에서 낡은 규칙을 깨기 위해 끊임없이 혁신을 강조하는 회사 전략과는 맞지 않는다. 또한 같은 플랫폼 회사를 선호했다고 해도 자아실현형 지원자는 강한 관료주의적 문화 속에서 위계와 지시에 일사불란한 움직임을 보여야 하는 환경보다는 수평적으로 서로의 아이디어를 나누고 실험하며, 빠르게 시장에서 테스트해 볼 수 있는 조직에서 잘 적응할 것이다.

사람은 아무리 많은 금전적 보상이 주어지더라도 자신이 원하지 않는 일의 방식과 태도를 강요받는 환경에서는 오래 버티기 어렵다. 따라서 일을 통해 얻고자 하는 것과 일에서 중요시하는 것이 회사의 환경과 맞아떨어질 때 그 사람은 조직 안에서 오랫동안 몰입하며 성장할 가능성이 높다. 회사를 다니다 보면 누구나 예상치 못한 어려움과 반복되는 일상 속에서 회의감을 느낄 수 있다. 그러나 '내가 이 회사를 선택한 분명한 이유와 가치'가 있다면 그 사람은 어려움 속에서도 버틸 힘을 얻게 된다.

결국 면접관은 지원자의 일하는 동기·가치와 회사 사이에 접점이 있는지, 그리고 그것이 조직몰입으로 이어질 수 있는지를 파악하고자 한다. 그래서 면접관은 다양한 질문을 통해 지원자가 이 회사를 선택한 진짜 이유를 확인한다.

"이 회사의 어떤 점이 본인에게 잘 맞는다고 느끼나요?", "다른 경쟁사 대신 왜 우리 회사를 선택했나요?", "지원 직무를 꼭 이 회사에서 하고 싶은 이유는 무엇인가요?", "회사가 어려움에 처했을 때, 계속 함께할 수 있는 이유는 무엇인가요?"와 같은 질문들이 그것이다. 또한 "그 직업관을 갖게 된 계기나 경험이 있나요?"라는 질문으로 회사 선택 동기의 신뢰성을 확인하기도 한다.

이 모든 질문의 핵심은 같다. 지원자의 직업관이 회사 일의 환경, 일하는 방식과 맞는가이다. 그 일치점이 있을 때 그 사람은 어려움 속에서도 흔들리지 않고 조직 안에서 성장할 가능성이 높다.

답변의 3가지 핵심 원칙

기업 입장에서 중요한 것은 지원자의 직업관을 확인하고 그것이 회사와 어느 정도 맞는지를 평가하는 것이다. 따라서 지원자는 이런 기업의 의도에 맞게 우선 지원자의 직업관이 무엇인지부터 드러내고, 이어서 그 직업관이 회사와의 적합도가 높다는 점을 강조해야 한다. 이러한 답변을 효과적으로 구조화하기 위해서는 다음의 세 가지 원칙을 적용할 수 있어야 한다.

첫째, 자신의 직업관을 분명하게 밝힌다. 지원자는 자신이 회사 적합도가 높은 사람임을 보여 주기 위해서 자신의 직업관이 무엇인지

   면접 썰기

부터 시작한다. 즉, 자신이 일에서 무엇을 추구하고, 중요시하는지를 먼저 설명한다. 이때 직업관은 안정, 성과가 아닌, 자아실현적 가치들, 즉 자율성, 창의성, 성장, 수평적 소통, 협력, 사회적 책임감 등을 중심으로 두는 것이 바람직하다. 안정 추구형 가치는 규칙과 절차를 중시하는 직종에서는 통용될 수 있지만, 일반적인 회사에서는 자칫 월급 루팡(회사에서 특별히 성과를 내지 않거나, 최소한의 일만 하면서도 월급만 받아 가는 사람)으로 오해될 수 있기 때문이다. 그리고 성과 추구형은 회사의 일 자체가 아니라 연봉·복지·승진과 같은 보상에 집중하는 사람으로 비춰질 수 있다. 면접관은 이런 유형의 사람을 '더 좋은 조건이 있으면 옮겨가는 성향'을 지녔다고 생각하기 쉽다. 즉, 겉으로는 충실하게 일하는 것 같아도, 더 높은 연봉이나 안정적인 근무 환경이 제시되면 언제든 회사를 떠날 수 있다고 생각한다. 그래서 면접관은 외적 가치에 의해 움직이는 지원자를 기피한다. 이러한 성과 지향적 직업관이 면접관에게 수용될 수 있으려면 협력과 같은 가치와 결합하여, '우리(회사와 조직)'를 위해서 치열하게 경쟁하지만, 우리 안에서는 이기적 야망을 버리고 서로를 격려하는 사람임을 증명할 수 있어야 한다("저는 팀웍을 바탕으로 일한 결과가 고객의 선택, 즉 팀의 매출 향상으로 이어질 때 가장 큰 성취감을 느낍니다"가 그 예이다). 안정 지향적 직업관 역시, 조직의 절차와 규칙을 잘 준수하면서도 혁신의 가치를 가지고 회사의 혁신을 안정적으로 구현하는 사람임을 보여 줄 수 있어야 한다("저는 안정적인 시스템 운영을 가장 중요한 가치로 두면서도, 그 안정 위에서 지속적인 혁신을 만들어 내는 일에 가장 큰 보람을 느낍니다"가 그 예이다).

일반적으로 안정 지향적 직업관은 혁신 가치와, 성과 중심적 가치관은 조직과 사회에 대한 협력과 기여와 같은 가치와 결합된 형태가 될 때 회사에 적응할 수 있는 사람으로 보일 수 있다. 이와는 달리, 면접관에게 크게 어필할 수 있는 직업관은 자아 실현형 직업 가치관이다. 예컨대, 새로운 기능을 기획하며 사용자가 더 편리해졌다는 피드백을 받는 순간 몰입을 느끼는 개발자, 동료와 협력해 프로젝트 성과를 만들어 내며 보람을 느끼는 기획자, 혹은 꾸준한 학습과 실험 자체가 즐거워 자발적으로 전문성을 쌓아 가는 연구자가 그런 유형의 사람들이다. 이들은 조직에서 이런 가치가 발휘될 수 있는 환경이 조성된다면, 조직에 정서적으로 연결되어 자발적인 몰입이 가능한 사람들이다.

결국 면접관은 지원자가 단순히 보상 때문에 남는 사람이 아니라, 자율성·성장·협력·기여·책임·도전 등과 같은 가치를 내면의 중심에 두고 일하며, 조직의 가치와 목표에 몰입할 수 있는 사람을 찾는다. 따라서 지원자는 면접에서 자신의 경험을 통해 이러한 직업적 가치관을 가지고 있음을 구체적으로 보여 주어야 한다.

둘째, 자신의 직업관이 회사 핏함을 강조한다. 다시 말해, 내가 가진 가치관이 왜 이 회사에서 발휘될 수 있는가를 설명하는 것이다. 단순히 '이 회사가 좋아 보인다.'라는 인상 수준을 넘어서, '회사의 구체적인 사업의 특성·사업 방식·조직 문화와 나의 직업적 가치관이 맞닿아 있다.'라는 점을 보여 주어야 한다.

왜 이것이 중요한가? 이유는 명확하다. 사람의 일하는 방식과 태도

  면접 썰기

는 회사의 환경과 맞아떨어질 때 가장 강력하게 조직에 대한 몰입으로 이어지기 때문이다. 여기서 환경은 기업이 속한 업의 특성, 사업 전략과 같은 사업 방식과 조직 문화를 말한다. 즉, 조직의 일과 그 환경이 내가 추구하고 중요시하는 가치와 일하는 방식과 맞지 않으면 그 조직에서 더 이상 일하고 싶지 않게 된다. 반대로, 회사가 추구하는 사업 특성과 방향성, 조직 문화 속에서 나의 가치가 실현될 수 있을 때, 나는 조직 안에서 스스로 동기 부여되며, 그 과정에서 헌신과 성과가 자연스럽게 따라온다. 따라서 면접 답변에서 개인이 가진 직업관이 회사의 비전·전략·가치·업의 특성과 어떻게 이어지는지를 보여 주는 것은, 곧 내가 조직 안에서 오래도록 몰입하며 기여할 수 있는 사람임을 증명하는 방법이다.

셋째 답변을 구조화하는 원칙은, 자신의 직업관을 경험으로 뒷받침하는 것이다. 지원자의 직업관은 말로만 설명될 때보다 경험을 통해 실천된 모습으로 드러날 때 훨씬 더 진정성이 느껴진다. 다시 말해, 개인의 일에서 추구하는 가치가 단순한 관심이나 의지 수준에서 머문 것이 아니라, 실제 행동을 이끌어 낸 힘이었음을 보여 주는 것이다. 예를 들어, 플랫폼 서비스 기획 직무에 지원한 지원자가 "저는 평소 제가 가진 기술로 일상 속 환경 문제를 해결하는 데 관심이 많았습니다. 대학에서 '제로웨이스트Zero Waste(쓰레기를 제로로 줄이자는 실천 운동) 플랫폼'을 주제로 프로젝트를 진행하면서, 기술로 사람의 행동 변화를 유도하는 과정(예컨대, 다회용컵 사용 시 포인트를 적립해 주는 보상 앱 개발)에서 기술이 단순히 기능 구현이 아닌,

사용자의 행동 변화에 영향을 미칠 수 있다는 확신을 갖게 되었습니다"라고 답한다면, 이 지원자는 '기술로 사회적 문제를 해결하고자 하는 관심(사회적 기여 가치)'이 실제 프로젝트라는 경험을 통해 구체적으로 실현된 가치임을 진정성 있게 보여 준 것이다.

또한 이러한 경험이 단순한 활동에 그치지 않고, 그 과정에서 습득한 능력과 태도가 입사 후 회사의 성과 기여로 이어질 수 있다는 점을 강조할 때, 답변은 구조적으로 완성된다.

결국 면접관은 지원자의 이러한 경험 속에서 '이 사람은 어떤 가치관으로 일하며', '그 가치관이 실제 행동으로 이어졌는가', 그리고 결과적으로 '그 일하는 의미를 회사에서 찾고자 하는가'를 본다. 즉, 가치관과 그것을 뒷받침하는 경험은 회사 선택의 진정성을 입증하는 증거이며, 그 사람이 일에서 의미를 느낄 수 있고, 그 가치를 회사에서도 일관성 있게 드러낼 수 있음을 보여 주는 근거가 된다.

답변의 흐름과 패턴(직업적 가치관 - 회사 비전·전략 연결형)

"구슬이 서 말이라도 꿰어야 보배다"라는 속담처럼, 면접 답변도 원칙만 나열해서는 힘을 얻지 못한다. 자신의 가치관을 밝히고, 그것이 회사의 비전·사업 방식(전략)·가치·업의 특성과 연결됨을 보여 주며, 동시에 그 가치관이 실제 경험 속에서 자신을 움직이는 원리임을 입증해야 한다. 그래야만 답변은 진정성을 가진 하나의 설득적 서사로 완성된다.

직업관의 회사 핏함을 보여 주는 서사는 세 가지 방식이 있다. 직업관을 회사의 비전·사업 방식(전략)과 연결하는 것이 첫 번째이고, 직업관을 회사의 가치·인재상과 연결하는 것이 두 번째이며, 직업관을 회사가 속하는 업의 특성과 연결하는 것이 세 번째이다. 여기서는 개인의 직업관을 회사의 비전과 그 비전을 구체적으로 뒷받침하는 전략과 연결하는 답변 중심으로 설명하고자 한다(나머지 연결 방식은 향후 요약 부분에서 답변 흐름과 패턴, 사례로 정리하여 간략히 소개할 것이다).

'직업적 가치관 - 회사 비전·전략 연결형'은 '내가 일에서 추구하는 가치'가 회사의 '왜 존재하는가(비전)'와 '어떻게 성장하려 하는가(전략)'에 맞닿아 있음을 보여 주는 구조다. 답변이 설득력 있는 이야기로 작동하려면 다음의 세 단계로 이루어져야 한다.

첫째, 자신의 직업적 가치관과 회사의 방향성이 어떻게 연결되었는지를 두괄식으로 제시해야 한다. 예를 들어, "저는 회사의 ○○한 미래 방향에 매력을 느껴 지원했는데, 그 이유는 저의 직업적 가치관이 그 방향성과 잘 맞기 때문입니다"와 같은 문장으로 시작하면 이후 전개될 이야기에 초점이 생기고 면접관의 관심을 끌 수 있다. 또한 회사의 비전을 나열하는 데 그치지 않고, 그것이 전략적으로 어떻게 실행되고 있는지를 구체적으로 설명할 때 설득력이 커진다. 예컨대, "귀사가 '지속 가능한 소비'를 핵심 가치로 삼아 ESG 실천을 구체적 전략으로 실행하고 있다는 점에 큰 매력을 느꼈습니다"라는 답변은 회사의 이미지를 차용한 수준이 아니라 비전의 실행 단계까지 이해하고 자신의 가치와 접점을 발견한 지원자로 보이게 만든다. 이런 답변은 지원자가 실제로 회사에 대해 깊이 탐색하고, 그 안에서 자신이 의미 있게 일할 이유를 발견한 사람이라는 '값비싼 신호(시간·노력·희생 등 실질적 비용이 수반되어 다른 사람이 쉽게 흉내 내기 어려운 진정성 있는 표현)'가 된다.

둘째, 자신의 직업적 가치관을 경험으로 뒷받침하면서, 그 가치관이 행동으로 실천되었을 뿐만 아니라 자신에게 확실한 믿음의 수준이 되었음을 강조한다. 면접관은 "귀사의 문화가 저와 맞습니다"라는 형식적인 주장을 듣고 싶어 하지 않는다. 오히려 그 선택이 진정성 있는가, 그리고 지원자의 직업적 가치관이 실제로 실천될 수 있는가를 확인하고 싶어 한다. 따라서 답변은 지원자가 경험을 통해 자신의 가치가 실제로 작동해 왔음을 보여 주는 구체적 사례를 포함해야 한다. 특히 이 가치가 자신의 신념과 연결되어 있음을 보여 줄 때, 그 가치는 강력한 추진력이 뒷받침되어 실천될 수 있음을 나타내는 증거가 된다.

셋째, 답변의 마무리는 입사 후 구체적 역할과 회사 성과 기여의 의지로 이어져야 한다. 즉, 자신의 가치관에서 비롯된 동기를 바탕으로 경험에서 습득한 능력과 태도가 회사의 방향성에 맞게 회사에서 계속 발휘될 수 있음을 보여 주어야 한다. 예를 들어, '패션을 통해

  면접 썰기

사람들의 자기표현을 돕는 것'에 의미를 두는 지원자라면 "저는 저의 경험을 바탕으로 소비자가 회사의 브랜드에서 자신의 개성을 발견할 수 있도록 브랜드 커뮤니케이션 전략을 실행하며 회사의 성과에 기여하고 싶습니다"라고 말할 수 있다.

이처럼 회사의 사업 방향성과 맞닿은 능력과 태도가 자신의 가치관에서 비롯된 내적 동기라는 추진력을 통해 실현될 수 있음을 보여줄 때, 지원자는 장기적으로 몰입하며 성장할 수 있는 사람으로 평가받는다.

지금까지 설명한 답변 흐름에 맞춰 전개 패턴을 제시하면 다음과 같다.

답변의 흐름과 패턴

	답변 흐름	전개 패턴
1	나의 직업적 가치관이 회사 방향성과 일치함을 설명	"저는 귀사의 (비전·사업 방향성)에 매력을 느껴서 지원하게 되었습니다. 왜냐하면 저는 (직업적 가치관)에 큰 의미를 두고 있기 때문입니다."
2	나의 직업적 가치관의 실천 경험 제시	"저는 제 생각을 실천하기 위해 (전공·프로젝트·인턴 등)에서 (직업적 가치관을 실천하는 과업활동)을 하면서 (능력·태도)를 배웠고, 발휘한 경험이 있습니다."
3	나의 경험과 역량이 회사의 비전·전략에 기여할 수 있음을 강조	"입사 후 이러한 경험을 바탕으로 (가치관에 바탕을 둔 직무활동)을 하면서 귀사의 (비전·전략·정책)에 기여하고 싶습니다."

이러한 흐름과 패턴을 충분히 반영한 사례를 살펴보자. 제약 회사의 영업 직무를 지원하는 경우이다.

"저는 귀사가 단순히 약품을 판매하는 것이 아니라 환자의 치료 경험과 삶의 질을 최우선으로 고려하는 환자 중심의 사업 방향에 매력을 느껴서 지원하게 되었습니다. 왜냐하면 저는 의약이 환자의 삶의 질을 개선할 수 있다는 데 큰 의미를 두고 있기 때문입니다. ▶(나의 직업적 가치관이 회사 방향성과 일치함을 설명) 저는 제가 가진 생각을 실천하기 위해 생명과학을 전공했고, 인턴십에 참여하여 병원·약국 대상 제품 설명회를 준비하고 운영하는 경험을 통해 의료 전문가와 신뢰를 쌓는 커뮤니케이션 역량을 키웠습니다. 그 과정에서 치료제의 가치를 현장에서 실현하고 싶다고 느꼈습니다. ▶(나의 직업적 가치관 실천 경험 제시) 입사 후에는 이러한 경험을 바탕으로 의사와 환자를 연결하는 신뢰의 가교로서 귀사의 치료제가 더 많은 환자의 삶에 긍정적인 변화를 주도록 기여하고 싶습니다." ▶(나의 경험과 역량이 회사의 비전·전략에 기여할 수 있음을 강조)

이 사례는 직업적 가치관을 중심으로 답변을 구조화하는 방식을 잘 보여 준다. 더 나아가, 우리는 이러한 가치관 중심의 답변이 일반적인 다른 답변과 달리 면접 현장에서 어떤 차별적 힘을 발휘할 수 있는지 구체적으로 살펴볼 수 있다. 비교를 위해, 많은 지원자들이 채용 플랫폼에서 참고하는 전형적인 사례를 보자.

                                             면접 썰기

"저는 생명공학을 전공하며 제약 회사에 관심을 가져왔습니다. 그리고 최근 귀사가 ○○○○ 질환 치료제 시장 진입을 가속화하고 있으며, 의료 전문가 대상 최신 임상 정보 제공 및 현장 지원 체계를 강화해 나가는 모습에 공감하여 지원하게 되었습니다. 저는 전공에 이어 인턴십에 참여하여 병원 및 약국을 대상으로 제품 설명회와 연계 마케팅을 기획해 방문율을 증가시킨 경험이 있습니다. 이 경험에서 쌓은 역량은 귀사의 시장 개척을 해 나가는 데 기여할 것으로 판단했습니다. 입사 후엔 현장을 빠르게 익혀 실적을 내고, 장기적으로는 주요 고객을 관리하는 영업 전문가로 성장해 기여하고 싶습니다."

이 답변은 표면적으로는 깔끔하고 논리적이지만, 지원자 자신의 진정성과 내적 동기의 서사가 약하다. 지원 이유는 '전공을 살리고 싶다'와 '회사의 방향성이 좋다'는 수준에 머물러 있다. 즉, "왜 이 회사인가?"라는 질문에 대한 답이 회사에 대한 흥미와 관심의 차원에서 멈추고 있는 것이다.

반면, 앞서 제시된 가치관 중심 사례는 회사를 선택한 이유의 출발점이 전혀 다르다. 그 선택은 '전공'이 아니라, 자신의 직업적 가치관과 신념에서 시작된다. 지원자는 "의약이 환자의 삶의 질을 높인다"라는 신념(사회적 기여 가치)을 가지고 있고, 바로 그 신념이 회사가 추구하는 환자 중심의 사업과 일치하기 때문에 회사를 선택했다. 따라서 그의 지원 동기는 단순히 '좋아서'가 아니라, '나의 신념이 이 회사의 존재 이유와 연결되어 있기 때문'이라는 구조를 갖는다.

이러한 차이는 답변의 무게 중심을 완전히 바꾼다. 후자가 '관심 기반의 선택'이라면, 전자는 '의미 기반의 선택'이다. 예컨대, '소프트웨어 개발에 관심이 있어서'가 아니라 '기술이 사람의 삶을 편리하게 만드는 데 의미가 있어서', 그리고 '어릴 때부터 관심이 있어서'가 아니라 '데이터 기반으로 문제를 해결하면서 성장하고 싶어서'가 회사를 선택하는 이유가 된다. 이로써 회사와 일은 흥미의 대상이 아니라, 자신의 가치관이 실현될 수 있는 장場으로 자리한다.

또 다른 차이는 경험의 해석 방식에서 드러난다. 일반적인 답변에서는 경험이 단순히 '무엇을 했다'라는 활동의 나열에 그친다. 그러나 가치관 중심 답변에서는 경험이 그 가치관을 증명하는 과정으로 정렬된다. 예를 들어, 인턴십에서 병원과 약국을 대상으로 제품 설명회를 기획한 경험은 단순히 실무 수행 능력을 습득하기 위함이 아니라 "의약이 환자의 삶을 바꿀 수 있다"라는 자신의 신념을 현장에서 실천한 사례로 해석된다. 따라서 지원자는 '이 일을 왜 하는가'에 대한 이유를 명확히 알고 있으며, 그 이유가 회사의 존재 목적과 맞닿아 있기 때문에 장기적으로 몰입하며 성장할 수 있는 사람으로 비춰진다.

결국 이러한 답변은 단순한 '지원 동기'가 아니다. 그것은 회사가 자신의 가치 실현의 장이자 정체성의 일부가 되고 있음을 드러내는 진정성 있는 서사다. 면접관은 이 답변을 통해 "이 지원자는 회사의 철학과 방향을 깊이 이해하고 있으며, 그 철학이 자신의 가치관과 연결되어 지속적으로 실천될 수 있는 사람이다"라고 판단하게 된다. 이 지점에서 가치관 중심 답변은 단순한 논리적 설득을 넘어, '의미의 일치 → 행동의 일관성 → 몰입의 가능성'으로 이어지는 강력한 설득 구조를 형성한다. 그 결과, 지원자는 '자신의 신념으로 일하는 사람'

　　　　　　　　　　　　　　　　　　　　　　면접 썰기

으로 기억된다.

회사 핏을 증명하는 다른 답변 방법

'왜 이 회사인가'라는 질문에 답하는 또 다른 방식은 자신의 직업적 가치관을 회사의 핵심 가치나 인재상과 연결 짓거나 회사가 속한 업의 특성과 연결 짓는 접근이다.

전자의 접근은 "내가 일할 때 중요하게 여기는 태도와 기준이 귀사가 추구하는 문화와 인재상과 일치한다"는 점을 강조하는 방식이다. 예를 들어, 협력과 신뢰를 중시하는 회사를 지원한 사람이라면, 자신이 팀워크와 소통을 중요시하며 일해 온 경험을 통해 이를 실천해 온 사람임을 보여 줄 수 있다.

이 접근이 중요한 이유는 면접관이 확인하고자 하는 것이 단순한 조직 적응력(컬처 핏)이 아니라, 그 회사의 가치가 지원자에게 내면적 동기를 일으킬 수 있는가(모티베이션 핏)이기 때문이다. 회사의 가치가 개인에게 '일할 이유'가 될 수 있다면, 그 사람은 스스로 몰입하고 오래 성장할 가능성이 높다. 다시 말해, 회사의 가치가 일의 과정에서 자신의 신념으로 자리 잡아 행동 기준이 되는 순간, 그 가치는 조직 안에서 그의 자발적 행동을 이끄는 강력한 에너지가 된다.

결국 설득력 있는 답변은 "저는 귀사의 가치와 잘 맞습니다"가 아니라 "귀사의 가치가 제가 일에서 중요하게 여기는 기준이며, 그 기준은 제 내면의 신념과 연결되어 있습니다"라는 흐름을 보여 주는 것이다. 이럴 때 면접관은 지원자를 단순히 조직에 '적응할 사람'이 아니라, 조직의 가치 속에서 스스로 동기화되고 성장할 정서적 몰입형 인재로 인식하게 된다.

이 답변의 기본 흐름은 회사가 어떤 사람과 함께하려 하는가를 이해하고, 그 일의 방식 속에서 함께 헌신하며 일할 사람임을 보여 주는 데 초점을 둔다. 따라서 이 구조의 답변 지원자가 자신의 가치가 어떻게 회사의 문화 속에서 자연스럽게 발휘될 수 있는가를 구체적으로 드러내는 흐름으로 전개되어야 한다.

'왜 이 회사인가'라는 질문의 또 다른 답변 방식으로는 '직업적 가치관과 회사 업의 특성을 연결하는 방식'이 있다. 이는 "이 업종이야말로 내가 좋아하는 일에서 내가 추구하는 가치를 가장 잘 실현할 수 있는 곳이다"라는 논리로 회사를 선택한 이유를 설명하는 접근이다. 이 접근이 설득력 있는 이유는 사람은 직업을 통해 자신이 누구인지 표현하는 존재이기 때문이다. 우리는 낯선 사람을 소개받았을 때, 그 사람이 무슨 일을 하는 사람인지부터 알고자 한다. 이처럼 '내가 어떤 일을 하는 사람인가'는 곧 나라는 존재의 정체성을 규정하는 핵심 단서다. 이런 맥락에서 "내가 이 업의 본질과 잘 맞는다"라는 말은 곧 "이 일은 나의 존재를 드러내는 중요한 삶의 일부"라는 의미와 같다. 그래서 '왜 이 회사인가'라는 질문에 대해서는, 조직 문화나 사업 방식보다 이 회사의 업의 특성과 잘 맞는다는 설명이 훨씬 더 설득력이 있다. 아무리 사업 방식과 조직 문화가 좋아도, 그 일이 내가 좋아하는 일이 아니거나 나의 성향과 맞지 않으면 그 일에서 존재감을 느끼

면접 썰기

기 어렵다. 결국 사람은 '어떻게 일하는가'보다 '무엇을 하는 존재인가'에 더 깊이 반응한다. 이런 이유로 우리는 자신이 좋아하는 '분야'의 일에서 자신의 직업적 가치관을 실현할 때 일과 정서적으로 연결되고, 그 일을 '나의 일'로 받아들이게 된다.

예를 들어, 같은 성취 가치를 가진 사람이라도 한 사람은 패션 업계에서 옷을 통해 자신의 상상력과 미적 감각을 표현하며 성취감을 느끼고, 다른 사람은 교육·의료 업종에서 경력 목표를 달성하며 성취감을 느낀다. 따라서 직업적 가치와 직업적 취향이 업의 본질적 특성과 일치할 때, 단순히 조직에 머무는 것을 넘어 몰입과 의미 있는 성장을 경험할 수 있다.

지원자는 이 점을 이해하고, 자신의 직업적 가치관을 지원하는 회사가 속한 업에서 가장 잘 발휘될 수 있음을 설득력 있게 보여 주어야 한다. 그럴 수 있을 때 그는 업의 본질을 이해하고, 회사에서 자신의 가치와 잠재력을 실현할 수 있는 사람으로 인식된다.

'직업적 가치관 - 업의 특성과의 연결형'의 답변이 실제 설득력을 얻기 위해서는 예컨대, 게임 플랫폼 회사에 지원하는 개발자라면, 자신의 직업적 취향에 맞는 게임 플랫폼 회사의 업의 특성을 정의하면서, 그 업의 특성을 가진 회사에서 사회적 기여 가치와 성장 가치 실현과 같은 자신의 가치관을 실현하기 위해 경험을 통해 일관성 있게 준비해 왔음을 보여 주어야 할 것이다.

'왜 이 회사인가'에 대한 질문은 지원자가 이 회사에서 얼마나 오래 함께 성장하며 헌신할 수 있는 사람인가를 확인하고 싶은 것이다. 따라서 지원자는 '나는 어떤 직업적 가치관을 가진 사람인가', '그 가치관이 실제로 작동한 경험이 있는가' 그리고 '그 경험의 결과, 나의 가치가 회사의 비전·전략·핵심 가치·인재상·업의 특성과 어떻게 이어지는가'의 흐름 속에서 진정성 있게 나의 답변을 보여 줘야 한다. 그럴 때 면접관은 그 지원자가 조직 안에서 성장하고자 하는 욕구와 의지를 갖춘 사람임을 확신하게 된다.

질문 의도

면접관이 '왜 이 회사인가'를 묻는 이유는 지원자가 우리 회사를 선택한 동기가 단순한 외적 조건(연봉, 규모, 안정성)이 아니라, 지원자가 일에서 추구하고 중요시하는 가치가 회사의 비전·전략·핵심 가치·인재상·업의 특성과 깊이 연결되어 있는지 확인하려는 것이다. 왜냐하면 이런 연결이 분명한 사람일수록 조직에 더 빠르게 적응하고, 어려움이 닥쳐도 쉽게 흔들리지 않으며, 결국 오래 함께할 가능성이 높기 때문이다.

답변의 흐름과 패턴

답변의 선택지 1: 직업적 가치관 - 회사 비전·전략 연결형

답변 흐름:
1) 나의 직업적 가치관이 회사의 방향성과 일치함을 설명하고, 2) 나의 직업적 가치관의 실천 경험을 제시하며, 3) 나의 경험과 역량이 회사의 비전·전략에 기여할 수 있음을 강조하는 순서로 답변한다.

답변 패턴:

"저는 귀사의 (비전·사업 방향성)에 매력을 느껴서 지원하게 되었습니다. 왜냐하면 저는 (직업적 가치관)에 큰 의미를 두고 있기 때문입니다. 저는 이를 실천하기 위해 (전공·프로젝트·인턴 등)에서 (직업적 가치관을 실천하는 과업활동)을 하면서 (능력·태도)를 배웠고 발휘한 경험이 있습니다. 입사 후 이러한 경험을 바탕으로 (가치관에 바탕을 둔 직무활동)을 하면서 귀사의 (비전·전략·정책)에 기여하고 싶습니다."

답변 사례: 프론트 엔지니어 직무 지원자

"저는 더 나은 사용자 경험으로 지역 커뮤니티의 신뢰를 쌓아 가는 귀사의 방향성에 깊이 공감하여 지원하게 되었습니다. 그 이유는 제가 데이터 분석을 통해 사용자 경험을 개선하며 성장하는 일에 큰 가치를 느끼기 때문입니다. 저는 저의 가치를 실천하기 위해 대학 시절 '지역 주민 커뮤니티 활성화' 공모전에 참여하였습니다. 그 활동에서 저는 사용자 데이터를 분석하고, 지역 주민의 행동 패턴을 세분화하여 서비스 안을 기획하고 실험하는 경험을 했습니다. 그 과정에서 저는 현장감과 문제 해결 능력을 키울 수 있었습니다. 입사 후 저는 이러한 경험을 바탕으로 데이터 기반의 사용자 신뢰를 강화함으로써 귀사의 플랫폼이 더 많은 지역 사용자에게 의미 있는 연결을 제공하는 데 기여하고 싶습니다."

❙ 답변의 선택지 2: 직업적 가치관 – 회사 핵심 가치·인재상 연결형

답변 흐름:

1) 나의 직업적 가치관이 회사의 핵심 가치·인재상과 일치함을 설명하고, 2) 나의 직업적 가치관의 실천 경험을 제시하며, 3) 나의 경험과 태도가 회사에 기여할 수 있음을 강조하는 순서로 답변한다.

답변 패턴:

"저는 (직업적 가치관)에서 가장 큰 보람·의미를 느낍니다. 이 점이 귀사의 (핵심 가치·인재상)과 맞닿아 있다고 판단해 지원했습니다. 저는 이를 실천하기 위해 (전공·프로젝트·인턴 등)에서 (직업적 가치관을 실천하는 과업활동)을 하면서 (능력·태도)를 배웠고, 발휘한 경험이 있습니다. 입사 후 이런 경험을 바탕으로 (회사에 기여)를 하며 성장하고 싶습니다."

답변 사례: 영업 직무 지원자

"저는 함께 협력하며 성과를 만들어 내는 일에 보람을 느끼는 점이 협력과 소통을 중시하는 귀사의 인재상과 잘 맞는다고 생각해서 지원했습니다. 실제 제가 협력을 중요시하게 된 계기는 제가 고등학교 졸업 후 지금까지 꾸준히 참여해 온 사회인 축구 클럽 활동에서였고, 그때 팀워크와 신뢰가 승부를 좌우한다는 확신이 생겼습니다. 이후 인턴과 프로젝트에서도 이러한 신념을 살려 서로의 강점을 발휘할 수 있도록 협력 분위기를 조성하며, 팀 전체의 성과를 높였던 경험이 있습니다. 입사 후 이런 경험을 바탕으로 관련 부서 간 신뢰를 형성하여 성과에 기여하며 성장하고 싶습니다.”

여기서 이 지원자는 팀의 공동목표 달성을 위한 ‘협력’의 가치에 의미를 부여하고 그것을 회사에서 찾을 수 있음을 강조하고 있다. 특히 이 사례에서는 지원자 자신의 가치관과 신념을 갖게 된 계기가 된 경험을 설명함으로써 진정성과 설득력을 더한다는 데 특징이 있다.

▎답변 선택지 3: 직업적 가치관 - 업의 특성 연결형

답변 흐름:

1) 업의 특성에 맞는 회사에서 나의 직업적 가치관을 실현하고자 함을 밝히고, 2) 나의 직업적 가치관의 실천 경험을 제시하며, 3) 나의 경험과 태도가 회사에 기여할 수 있음을 강조하는 순서로 답변한다.

답변 패턴:

“저는 (저의 직업적 취향과 맞는 업의 특성을 가진) 회사에서 (직업적 가치관)을 실현하고 싶었습니다. 특히 귀사의 (사업 전략)이 저의 지원 동기(직업적 가치관·취향)과 잘 맞는다고 생각해서 지원했습니다. 이후 대학 시절 (프로젝트·인턴 등)에서 (직업적 가치관을 실천하는 과업활동)을 하며 (능력·태도)를 배웠고 발휘한 경험이 있습니다. 입사 후 이런 경험을 바탕으로 (회사에 기여)를 하며 성장하고 싶습니다.”

답변 사례: 게임 플랫폼 회사의 프론트엔드 개발 직무 지원자

"저는 게이머의 여정을 기술로 연결하는 게임 플랫폼 회사에서 기술을 통해 사용자 경험을 개선하며 성장하고 싶습니다. 특히 DXDigital Transformation 혁신(기존의 업무 방식·프로세스·서비스를 디지털 기술 중심으로 전환)을 통해 게이머 경험을 발전시키는 귀사의 방향성과 저의 지원 동기가 잘 맞는다고 생각해서 지원했습니다. 저는 대학 시절 해커톤과 IT 동아리에서 렌더링Rendering(데이터나 코드를 시각적인 그래픽, 이미지, 인터페이스로 변환하는 과정)과 UI 성능을 개선하고 인터랙션을 설계하며, 사용자 반응을 기준으로 문제를 해결하고 협업 속에서 기능의 완성도를 높이는 역량을 키웠습니다. 입사 후에는 이런 경험을 바탕으로 플랫폼 UI·UX 성능을 정교하게 개선하고, 더 나아가 DX 기술을 통해 게임 경험을 더 몰입감 있고 직관적으로 만드는 인터페이스 구축을 통해 회사의 사용자 경험 경쟁력을 높이는 데 기여하겠습니다."

이 사례에서 지원자는 게임 플랫폼 업종의 어떤 측면이 자신의 직업적 취향과 맞닿아 있음을 밝히고, 그 업종에서 자신의 '성장'이란 직업적 가치관을 펼치고 싶다고 말하고 있다. 그리고 이 사례에서는 만약 지원자가 자신의 직업적 취향과 맞는 업의 특성만 강조하면 생길 수 있는 면접관의 의구심, 즉 "다른 경쟁사가 아니라 왜 이 회사에 지원하고자 하는가?"라는 의문을 적절한 답변으로 해소하고 있다. "특히 DX 혁신을 통해 게이머 경험을 발전시키는 귀사의 방향성과 저의 지원 동기가 잘 맞는다고 생각해서 지원했습니다."라는 답변을 통해 꼭 이 회사에 지원하고자 하는 이유를 분명히 밝히고 있다. 따

라서 이 사례는 업종뿐만 아니라 귀사의 고유한 사업 특징이나 사업 전략이 나의 직업적 가치관과 연결된다는 것을 어필함으로써 답변의 완성도를 높이고 있다.

3가지 연결형의 특징과 선택

'직업적 가치관 - 회사 비전·전략 연결형'은 자신이 중요하게 여기는 가치가 회사의 미래 방향성과 사업 목표에 정렬되어 있음을 보여줌으로써 '함께 성장하고자 하는 방향성의 일치'를 강조하는 방식이다. 반면 '직업적 가치관 - 조직의 핵심 가치·인재상 연결형'은 회사가 중시하는 가치가 자신의 신념과 일하는 태도와 맞닿아 있음을 보여 줌으로써 단순한 조직 적응력을 넘어 일의 과정에서 스스로 동기부여될 수 있는 사람임을 증명한다. 마지막으로, '직업적 가치관 - 업의 특성 연결형'은 자신이 중요하게 여기는 가치와 직업적 취향이 업의 가장 본질적인 특성과 가장 잘 연결되는 회사가 바로 귀사임을 강조하는 방식이다. 이를 통해 지원자는 해당 업의 특성에 맞추어 자신의 경험을 준비해 왔다는 직무 관련 경험의 일관성과 입사 후에도 몰입하며 성장할 수 있는 가능성을 함께 드러낼 수 있다.

결국 세 접근 중 어떤 연결 방식을 선택할지는 지원자의 직업적 가치관의 방향과 직업적 취향, 그리고 자신의 경험이 회사의 어떤 측면(비전·전략·가치·인재상·업의 특성)과 가장 자연스럽게 맞닿아 있는가에 따라 달라진다.

면접 썰기

Chapter 4

직무 열정을 확인하는 질문,
"왜 이 직무를 선택했는가?"

**"'회사 직무와 잘 맞는 사람인지'뿐만 아니라 더 나아가
'자기 주도적으로 몰입하며 일할 수 있는
사람인지'를 보여 줘야 한다."**

우리에게 《크리스마스 캐럴》의 저자로 잘 알려져 있는 찰스 디킨스Charles John Huffam Dickens의 소설, 《위대한 유산Great Expectations》에서 주인공 핍이 사랑하는 여인 에스텔러의 사랑은 언제나 '조건적'이다. 많은 부와 높은 신분만이 그녀의 마음을 얻을 수 있다. 핍은 좌절하지만, 결국 그녀는 높은 신분의 남자와 결혼한다. 하지만 사랑 없는 결혼은 오래가지 못한다. 사랑 없는 관계는 유통기간이 짧다. 그리고 상대방에 대한 깊은 이해를 위한 노력도 없다. 연인 간의 관계가 그렇듯, 일에서도 마찬가지다. 일 자체에 애정이 없으면 그 일에 대한 노력의 지속성과 노력의 질(창의력, 단순 암기가 아닌 깊은 이해력, 자기 주도성 등)을 기대하기 어렵다.

최근 콰이어트 퀴팅Quiet Quitting(조용한 퇴사, 심리적 퇴사 상태를 말함) 풍조가 젊은 층 사이에 확산하고 있다고 한다. 이는 "월급 받은 만큼만 일한다"는 것, 즉 고용계약서에 적힌 최소한의 책임만 수행하겠다는 선언이다. 다시 말해, 최소한의 일만 수행하고, 그 외 초과 근무, 자발적 헌신, 정서적 몰입은 거부하겠다는 것이다. 직장에서 조용한 퇴사 현상이 확산할수록 일에서 보이는 노력은 조건적으로 변한다. 이처럼 보상 조건이 보장하는 만큼만 노력하는 현실에서는, 일 자체의 즐거움, 성취와 성장에서 비롯된 열정을 기대하기 어렵다.

그러나 역설적으로 이러한 현실을 접할수록 회사는 오히려 열정적으로 일할 수 있는 사람을 찾는다. 단순히 주어진 업무를 잘 수행할 수 있는 사람보다 스스로 목표를 세우고 실행하며 책임감 있게 결과를 완수하는 자기 주도성을 가진 사람을 더 가치 있게 여긴다. 따라서 대졸 신입 지원자에게는 이것이 오히려 기회가 될 수 있다. "나는 열정을 발휘할 수 있는 사람이다"라는 메시지를 면접에서 진정성 있게 증명할 수 있다면, 그것만큼 면접관에게 매력적인 신호는 없기 때문이다.

질문 의도

면접관이 '왜 이 직무인가'라는 질문을 던지는 이유는 지원자가 해당 직무에 열정과 몰입을 발휘할 수 있는 사람인지 평가하기 위함이다. 그래서 면접관은 같은 의도를 서로 다른 표현으로 묻는다. "이 직무에 대한 당신의 철학은 무엇인가?", "이 직무가 왜 매력적이라고 생각하는가?”와 같은 질문이 대표적이다. 표현은 다르지만 겨냥하는 핵심은 같다. 지원자가 일에서 어떤 가치와 의미를 찾는지, 그리고 그것이 열정과 몰입으로 이어질 수 있는지를 확인하고자 함이다. 다시 말해, 지원자가 일을 단순히 ‘해야 하는 일’이라는 의무로만 여기지 않고, 그 일에서 열정을 쏟을 수 있는 사람인지를 판단하고자 한다.

사람은 자신의 일하는 이유(동기)가 《위대한 유산》의 에스텔러처럼 일의 외적 조건(인센티브, 트로피, 평판, 감시 등)이 아닌, 일 자체를 좋아하거나 그 일이 중요할 때 일에서 열정을 보인다.

따라서 면접관은 첫째, 지원자의 ‘왜 일하는가(일하는 이유)’가 그 일 자체에서 비롯되는지 확인하고자 한다. 우리는 일하는 이유가 외적 조건이 아니라 그 일 자체와 연관되어 있을 때 이를 내적 동기라고 말한다. 내적 동기는 사람이 안전지대(익숙한 것)에서 벗어나 새로운 것을 탐색하고 더 성장하려는 타고난 욕구와 이어져 있다(즉, 내적 동기는 일과 관계에서 더 성장하려는 본능적 욕구에서 비롯된다). 그래서 일하는 과정에서 내적 동기가 충족되면 심리적 만족이란 보상을 얻는다. 이런 심리적 보상은 자율감·유능감·유대감과 자부심을 말한다. 이러한 심리적 보상을 추구하는 내적 동기는 자율성 동기, 성장 동기, 사회적 협력 동기로 나눌 수 있다. 어떤 사람은 스스로 선택하고 실행하며 그 결과를 책임지는 과정에서 자율감을 느낀다. 또 어떤 사람은 어려운 일에 끈기 있게 도전하고 숙달되어 가는 경험에서 성장감을 얻는다. 또 다른 사람은 공동체와 타인의 성공을 돕거나 조직의 일원이 되어 함께 목표를 향해 일할 때 유대감과 소속감을 느끼며 그 일에 열정을 쏟는다. 그리고 이러한 내적 동기는 지속적 몰입과 높은 성과를 예측한다. 반면, 외적 동기는 단기적인 노력의 강도는 높일 수 있지만 노력의 지속성과 질을 높이는 데는 한계가 있고, 쉽게 동기 소진과 이직으로 이어진다. 따라서 면접에서 내적 동기(예컨대, 현장의 문제를 해결하는 과정에서 유능감을 느끼는 것)를 드러내는 지원자는 장기적으로 더 헌신적일 가능성이 높다.

둘째, 면접관이 '왜 이 직무인가'를 통해 확인하는 것은 그 일 자체가 자신의 가치와 신념과 결부되어 있는가이다. 일하는 이유를 그 일 자체에서 찾고 그 일을 자신의 가치·정체성과 강하게 연결하는 사람일수록 자발적으로 몰입할 수 있다. 왜냐하면 일이 개인의 가치·정체성과 동일시된다는 것은 그 일을 삶의 중심에 두고 있다는 뜻이기 때문이다.

어떤 일이 내적 동기에서 출발하고 그 동기로 일하는 자신의 모습이 '나'를 표현하는 가장 중요한 수단이 될 때, 즉 내 일이 나의 존재 가치로 확장될 때, 사람은 몰입을 경험하기 쉽다. 예컨대, 마라톤 경기에 나가 메달을 따는 것이 중요하여 더 빨리 뛰려는 사람은 메달을 획득하고 나면 스스로 계속 힘든 연습을 유지하기 힘들다. 그 행위는 이미 그의 관심에서 멀어져 버린다. 반면, 뛰는 것 자체에 큰 의미를 두고 자신이 더 나아지는 데서 자부심을 느끼는 사람은 뛰는 것을 멈추지 않는다. 그에게 메달은 그 자체보다 애써 노력한 끝에 숙달 목표를 달성했다는 증거로서 더 큰 의미를 지닌다.

　　　　　　　　　　　　　　　　　　　　　

셋째, 면접관은 자신의 일이 사회·조직·타인에 긍정적 영향을 준다고 느낄 때 높은 수준의 동기를 발휘할 수 있는 사람인지 확인하고자 한다. 다시 말해, 지원자가 '이 일이 누군가에게 도움이 된다는 것'을 일의 의미로 받아들일 수 있는지를 판단하고자 한다. 조직 심리학자 애덤 그랜트Adam Grant는 친사회적 목적이 동기와 성과를 높이는 이유에 대해 조사했다. 타인이나 세상을 돕는다는 생각이 들 때, 우리는 자신이 할 수 있는 최고의 역량을 발휘한다는 것이다.[61] 그에 의하면, 타인에게 도움을 준다는 목적이 분명하고 확실할 때, 그 기여감은 일하는 동기에 강한 에너지를 제공한다.

따라서 면접관은 지원자가 자신의 일에서 기여감을 느낄 수 있는 사람인지에 대해 파악하고 싶어 하고, "그 일이 당신에게 왜 중요한가?"와 같은 질문을 통해 확인한다. 구체적으로는 "그 일이 누구에게 어떤 가치를 제공한다고 생각하는가?"를 묻는다. 이는 지원자가 일을 단순히 기능적으로만 해석하고 있는 사람인지, 아니면 가치 기여의 관점에서 접근하는 사람인지를 평가하는 일이다. 기능적으로 자신의 일을 해석하는 사람은 '하기로 한 것을 했다'가 되지만, 일을 가치 기여로 해석하는 사람은 '내 일의 가치를 제대로 전달했는가'에 초점을 둔다. 예컨대, 전자는 보고서를 정확하게 작성한 것에 만족하지만, 후자는 조직이 더 나은 의사결정을 하도록 도운 것에서 기쁨을 느낀다.

결국 면접관은 세 가지 질문 의도를 통해 지원자가 일을 단순한 생계나 경력의 수단이 아니라, 자기 존재의 이유가 되고, 조직 공동체에 대한 사회적 기여라는 믿음을 갖고 접근하는 사람을 찾고자 한다.

답변의 3가지 핵심 원칙

'왜 이 직무인가'라는 질문에 가장 설득력 있는 답변은 무엇일까? 그것은 직무 자체에 가치와 의미를 부여하며, "나는 어떤 일을 하는 사람이다"라는 직무 정체성을 자신만의 언어로 드러내는 것이다. 단순히 "무슨 일을 한다"는 생각에 머물지 않고, "이 일을 통해 나는 어떤 가치와 의미를 실현하는 사람이다"라는 자기 인식에서 출발해야 한다.

내 지인이 근무했던 유명 법무법인의 한 사례는 이를 잘 보여 준다. 비서 직무 면접에서 "비서로서의 포부는 무엇인가?"라는 질문을 받았을 때, 한 지원자는 이렇게 답했다.

"GE 잭 웰치 전 회장의 성공 뒤에는 오랜 기간 헌신한 비서 로잔 배더우스키가 있었다는 기사를 읽은 적이 있습니다. 저 역시 단순히 지시받은 업무만 처리하는 비서가 아니라 변호사님의 성과를 위해 함께 노력하는 비서가 되고 싶습니다."

그녀는 결국 합격했고, 현재는 중견기업의 팀장으로 성장했다. 이 답변이 주는 힘은 분명하다. 그녀는 '비서 = 일정 관리와 전화 응대'라는 기능적 정의를 넘어, '성과를 함께 만드는 참모'라는 일의 본질

　　　　　　　　　　　　　　　　　　　　　　　　면접 썰기

을 담은 정체성으로, 자신의 직무가 지닌 의미를 확장했다. 이런 자기 인식을 가진 사람이라면 합격을 넘어 장기적으로 성장할 가능성이 높다. 직무에 특별한 의미를 부여했기에 자신 역시 특별한 사람이 될 수 있었던 것이다.

이 사례가 전하는 메시지는 명확하다. 자신의 직무 적합성은 다음의 세 가지 답변 원칙을 통해 드러나야 한다는 것이다.

첫째, 그 일 자체를 중요하게 여기는 태도다. 이는 일을 내적 동기를 충족하고자 하는 대상으로 인식함을 의미한다. 따라서 중요한 것은 일하는 이유가 단순한 생계 수단이나 경력 관리의 도구가 아니라, 내적 동기에서 비롯되었음을 보여 주는 것이다. 일 자체를 중요시하는 사람은 일을 단순히 기능적으로 이해하지 않고, 본질적 목적과 의미로 이해할 수 있다. 예컨대, 이런 사람은 시장과 고객 데이터 분석을 단순한 숫자 다루는 일이 아니라, 숫자 이면에 숨겨진 시장의 흐름과 고객의 행동을 이해하는 과정으로 이해한다. 따라서 이런 답변을 구사할 수 있는 지원자는 면접관에게 직무에 대한 깊이 있는 통찰을 보여 준다.

둘째, 일이 자신의 개인적 가치와 신념과 깊이 연결되어 있음이 드러나야 한다. 이때 그 일은 자신의 정체성으로 이어진다. 단순히 "무슨 일을 한다"가 아니라 "어떤 일을 하는 사람이다"로 일이 갖는 의미가 확장된다. 다시 말해, 나에게 일이란 "이 일을 무리 없이 처리한다"가 아니라 "이 일이 곧 나다"라는 의미가 된다.

셋째, 자신의 일을 단순히 해야 할 의무로 받아들이는 것이 아니라, 자신이 속한 집단과 사회에 가치를 전달하는 의미 있는 기여로 해석하고 있음을 보여 줄 수 있어야 한다. 자신의 일을 통해 사회·조직·타인에게 가치를 전달하는 데서 기여감을 느낄 수 있는 사람은, 일을 단순히 처리해야 할 과제가 아니라 가치 기여의 관점에서 바라본다. 이처럼 일을 기능적 정의 수준에 머무르지 않고 친사회적 목적으로 확장해 해석하는 방법에는 크게 두 가지가 있다. 첫째, 기능적 정의에서 본질적 정의로의 전환이다. 이는 일을 단순히 역할과 기능 차원에서 이해하는 데 그치지 않고, 사회·조직·타인의 관점에서 왜 이 일이 중요한지를 묻는 '왜Why'라는 질문을 반복함으로써 그 의미를 재구성하는 방식이다. 예컨대, 기능적 정의가 "나는 데이터를 수집·분석하는 일을 한다"라면, 친사회적 목적성을 가진 정의는 "나는 데이터를 통해 조직의 의사결정을 더 현명하게 만드는 사람이다"가 된다. 둘째, 성과 중심에서 가치 중심으로의 해석이다. 이는 일의 결과물에 초점을 두는 것이 아니라, 그 결과물이 만들어 내는 가치의 관점에서 정의하는 것이다. 예컨대, 성과 중심의 정의가 "나는 기술을 사용해 구매 전환율을 높이는 앱 화면을 설계했다"라면, 친사회적 목적성의 정의는 "나는 기술을 사용해 사용자가 더 쉽고 안전한 거래를 돕는 경험을 설계한다"가 된다.

이처럼 일이 자신에게 소중한 가치와 의미가 되고, 그것이 자신을 표현하는 정체성의 일부가 되며, 사회적 기여감을 느낄 수 있을 때, 개인은 자연스럽게 그 일에 스스로 몰입하고 헌신할 준비가 되어 있는 것이다.

　　　　　　　　　　　　　　　　　　　面接 썰기

여기서 한 가지 주의할 점이 있다. 직무를 과대 포장하거나 이상화하지 않아야 한다는 점이다. 일에서 단순히 기능적 역할을 넘어서 자신의 정체성과 연결하고, 친사회적 목적성을 부여하다 보면, 자칫 직무를 멋지게만 포장하거나 현실과 동떨어진 해석을 할 수 있다. 면접관이 우려하는 바로 그 지점이다. 이러한 답변은 직무를 제대로 이해하지 못했다는 인상을 준다. 반면, 현실적 감각이 담긴 솔직한 답변을 전달하게 되면, 면접관은 속으로 '신입치고는 놀라운데.'라고 생각하며 지원자를 다시 보게 된다.

이러한 답변의 원칙은 면접관의 세 가지 질문 의도와 일치한다. 이는 지원자가 일을 하는 이유가 내적 동기에서 비롯되고, 일이 자신의 정체성이 되며, 일을 통해 조직에 기여하고자 하는 태도로 업무에 접근하는 사람인지를 판단하기 위함이다.

답변의 흐름과 패턴

지금까지 살펴본 원칙들은 결국 지원자가 직무에서 얼마나 열정을 가지고 몰입할 수 있는 사람인지를 보여 주기 위한 기준이다. 하지만 아무리 좋은 원칙이라도 답변 속에서 체계적인 이야기로 구조화되지 않으면 면접관을 설득하기 어렵다. 따라서 이제는 원칙을 실제 답변에 어떻게 녹여 낼 수 있는지를 살펴봐야 한다. 답변의 흐름은 세 단계로 정리할 수 있다.

첫째, 두괄식으로 '왜 이 직무를 선택했는가'를 선명하게 제시한다. 이때 직무 선택의 이유가 내적 동기(자율성 동기, 성장 동기, 사회적 협력 동기)와 연결될 수 있도록 한다. 즉, "나는 이 일이 주는 어떤 가치와 의미 때문에 시작했다"가 되어야 한다. 그리고 그 답변은 구체적 경험을 들어 직무를 시작하게 된 계기와 이유를 설명할 때 신뢰성을 높일 수 있다. 이때 그 계기와 이유에서 그 일이 자신의 개인적 가치와 신념과 연결되어 있음을 드러내야 한다. 그럴 수 있을 때 그 일은 '나'와 동일시할 수 있게 된다.

둘째, 직무가 주는 친사회적 목적성을 강조한다. 이는 지원자가 자기 일이 개인적인 효용을 벗어나 조직과 세상에 기여하는 것에서 일의 가치를 찾는 사람임을 증명한다. 이런 사람은 일의 본질을 깊이 통찰하며, 확장된 일의 의미 속에서 더 큰 자부심을 느끼고 열정을 다할 수 있다.

셋째, 조직 안에서 성과와 성장을 이루겠다는 포부로 마무리한다. 즉, 일을 통해 자아를 실현하고 조직의 비전과 함께 성장하고자 한다는 메시지를 전하는 것이다. 이때 중요한 것은 막연히 "이 일을 통해 성장하고 싶다"라는 수준에 머무르지 않고, "나는 이 일을 통해 이런 사람으로 성장하고 싶다"라는 미래의 정체성을 보여 주는 것이다. 그렇게 할 때, 직무가 단순한 생계 수단이 아니라 자신을 표현하는 수단으로 자리 잡고 있음을 드러낼 수 있다. 예컨대, "저는 데이터 분석가로서 단순히 숫자를 다루는 사람이 아니라, 데이터를 통해 의사결

                                               면접 썰기

정을 이끄는 전략적 파트너로 성장하고 싶습니다."라고 답한다면, 면접관은 이 직무가 지원자에게 단순한 직업이 아니라 자아실현의 과정임을 직감하게 된다. 더 나아가 이러한 미래 정체성이 회사의 비전과 맞닿아 있다면, 지원자는 단순히 성과를 내는 인재를 넘어 회사와 함께 성장할 인재로 평가받을 수 있다.

답변의 흐름과 패턴

	답변 흐름	전개 패턴
1	직무를 선택한 이유와 계기 설명	"저는 (내적 직무 동기) 때문에 이 직무를 선택했습니다. 이 일에 깊이 몰입하게 된(또는 관심을 갖게 된) 계기는 (직무를 선택한 계기가 되었던 경험) 때문이었습니다."
2	지원한 직무의 가치와 의미 확장	"이 직무는 저에게 단순히 (업무 기능 수준의 의미)가 아니라, (조직·사회적 기여와 연결된 일의 가치와 의미)라는 점에서 매력적입니다."
3	성장·기여 의지 제시	"입사한다면, (어떤 일을 하는 사람)으로 성장하며 (귀사의 비전·사업 전략)에 기여하고 싶습니다."

이 직무 흐름과 패턴에 따르는 답변을 다음으로 예시할 수 있다. 이는 제약 회사의 빅데이터 연구 분야에 지원하는 지원자의 답변이다.

"저는 데이터를 통해 사람들의 삶의 질과 건강을 향상시키는 일을 하고 싶어 이 직무를 선택했습니다. 이 일에 깊이 몰입하게 된 계기는 대학 시절 보건 데이터를 이용하여 생활 습관과 질환 간의 관계를 분석한 결과가 누군가의 치료에 도움이 된다는 점이었습니다. ▶(직무를 선택한 이유와 계기 설명) 저에게 빅데이터 연구는 단순히 기술적 작업이 아니라, 방대한 데이터 속에서 의약품 개발과 환자 치료에 기여하는 단서를 찾아낸다는 점에서 매력적인 일입니다. ▶(지원한 직무의 가치와 의미 확장) 입사한다면, 신약 후보 물질 탐색에 통찰을 발견하는 연구원으로 성장하여 귀사의 데이터 기반 혁신에 기여하고 싶습니다.”▶(성장·기여 의지 제시)

또 다른 예시, IT 솔루션 업체의 B2B 영업직을 지원하는 대학 졸업 예정자의 답변에도 동일한 답변 원칙을 적용할 수 있다.

“저는 고객의 문제에 대해 최적의 솔루션을 제안할 수 있는 능력을 실제 성과로 증명하며 성장하고 싶어 이 분야를 선택했습니다. 대학 시절 기업 공모전에서 팀원들과 고객의 문제를 분석하고 해결안을 제시해 수상한 경험이 있습니다. 저는 그 도전의 과정에서 저의 역량이 확장되는 경험을 하며 즐거움을 느꼈고, 그 이후부터 이 분야에 깊은 관심을 갖게 되었습니다. ▶(직무를 선택한 이유와 계기 설명) 더욱이 B2B 영업은 저에게 단순히 제품을 파는 것이 아니라 고객의 사업 성공을 도우며 함께 성장할 수 있는 점에서 매력적입니다. ▶(지원한 직무의 가치와 의미 확장) 입사한다면, 저는 고객과 장기적 파트너십을 구축하며 귀사의 성장에 기여하고 싶습니다.”▶(성장·기여 의지 제시)

이 답변 사례가 이전 사례와 다른 점은 처음 두괄식으로 직무 선택의 이유를 설명할 때 첫 번째 사례는 사회적 협력 동기를 밝히며 출발한 반면, 두 번째 사례는 자신의 성장 동기를 선명히 밝히고 시작했다는 점이다.

지금까지 전공과 직무가 일치하는 경우를 중심으로 '왜 이 직무인가'에 답하는 원칙과 패턴을 살펴보았다. 그러나 모든 지원자가 전공과 직무가 일치하는 것은 아니다. 실제 채용 현장에서는 전공과 다른 분야에 도전하는 비전공자 지원자도 적지 않다. 문제는 이 경우 면접관의 시선이 훨씬 더 까다로워진다는 점이다. 이때는 "내가 왜 이 직무를 좋아하고, 어떤 경험 속에서 그 의미를 발견했으며, 직무가 나에게 주는 의미는 무엇이다"를 중심으로 답변하는 것만으로는 충분하지 않다. 그렇다면 비전공자가 이러한 불리함을 넘어, 오히려 차별화된 스토리로 강점을 드러내려면 어떻게 해야 할까? 이제부터는 바로 그 방법을 구체적으로 살펴보고자 한다.

비전공 직무 지원, 어떻게 답변해야 할까?

비전공 직무를 선택하는 지원자를 마주하는 경우, 면접관은 자연스럽게 몇 가지 의문을 품게 될 것이다. 이때 면접관은 이 의문을 해결하기 위해 "왜 전공을 살리지 않고 이 직무를 선택했는가?", "혹시 충동적 전환은 아닌가(직무와 관련 없이 아무 곳이나 지원하면서 일단 붙고 보자는 의도는 아닌지)?" 등의 질문을 통하여 직무에 몰입할 수 있는 사람인지 확인하려 한다. 또한 지원자가 새로운 분야에 대해 어느 정도 준비가 되어 있는지도 중요한 평가 요소가 된다. 따라서 전공과 다른 직무를 지원하는 지원자는 답변에서 다음 네 가지 요소를 담아야 한다.

첫째, 진로 전환의 계기가 되는 내적 동기를 분명히 설명해야 한다. 단순한 전망이나 시류 때문이 아니고, 개인적 경험을 통해 관심과 가치관이 변화한 것임을 분명히 해야 진정성이 드러난다.

둘째, 새로운 직무를 자신에게 의미 있는 일로 재해석함으로써 능동적으로 몰입할 수 있는 태도를 보여야 한다.

셋째, 기존 전공이 새로운 직무 수행에 어떻게 전이Transfer될 수 있는지, 즉 배운 지식과 스킬이 어떻게 도움이 되는지를 강조하면 설득력이 높아진다.

넷째, 새로운 직무를 실질적으로 준비해 온 과정을 보여 주어야 한다. 관련 프로젝트, 학습, 툴 활용 경험 등을 구체적으로 언급하면 좋다.

이런 네 가지 조건이 갖추어진 답변의 예를 보면 다음과 같다.

"저는 경영학을 전공하며 소비자 심리에 관심이 많았는데, 대학교 플랫폼 프로젝트에 참여해 사용자 경험을 설계하며 UX 직무가 고객에게 직접 영향을 줄 수 있다는 점에서 큰 매력을 느꼈습니다. 특히 사용자 데이터를 분석하고 불편함을 개선하는 과정에서 UX 설계가 단순한 기능 디자인이 아니라, 사람들의 사용 경험 변화를 통해 플랫폼의 가치를 높이는 의미 있는 일이라는 걸 깨달았습니다. 이후 UX 리서치와 Figma(UI/UX 디자인을 중심으로 한 실시간 협업 플랫폼 툴) 같은 툴을 학습하며 프로젝트에 참여해 왔습니다. 저는 경영학에서 배운 소비자 행동 지식을 바탕으로 플랫폼 사용자 경험을 지속적으로 개선하는 UX 기획자로 성장하고 싶습니다."

요약하면, 전공과 다른 직무를 지원할 때는 직무 전환 동기가 분명히 드러나야 한다. "전공과 관련된 직무보다 △△△직무가 더 적성에 맞을 것 같아서요" 또는 "○○직무가 전망도 좋고 성장 가능성이 높아서 도전하고 싶었습니다"와 같이 직무 자체에 의미를 두지 않는 직무 전환 동기는 설득력이 없다. 직무에 대한 개인의 가치관이 드러나야 한다. 전공에서 출발한 관심이 새로운 직무로 확장된 과정에서 가치관의 변화가 드러나고, 전공 지식의 전이력, 새로운 직무를 위한 준비 노력이 함께 강조되어야 한다. 또한 자신의 직무에 대한 의미 부여 속에서 능동적 태도가 담긴다면, 면접관에게 충분한 납득과 신뢰를 줄 수 있다.

질문 의도

이 지원자가 '자기 주도적으로 몰입하며 일할 수 있는 사람'인지와 '우리 회사 직무와 잘 맞는 사람인지'를 확인하는 데 있다. 즉, 단순히 시킨 일만 성실히 하는 수준이 아니라, 자발적으로 몰입하고 스스로 과제를 찾아 해결할 수 있는지를 파악하고자 한다. 아울러 회사 직무 환경과 지원자의 직무 기대가 얼마나 일치하는지도 함께 확인한다. 괴리가 클 경우 입사 후 실망으로 이어지고, 조기 이탈의 위험이 커지기 때문이다.

답변의 핵심 원칙

첫째, 지원하는 직무에 관심을 갖게 된 이유가 외부 압박이나 조건이 아니라 일 자체에서 비롯된 선택임을 밝힌다. 그리고 그 직무에 관심을 갖게 된 계기를 경험을 통해 설명한다. 둘째, 직무에 대해 사회·조직·타인에 대한 기여와 같은 특별한 의미를 부여함으로써 일이 자신에게 매력적이고, 그 일에 열정을 쏟을 수 있음을 보인다. 셋째, 조직에서 성장하고 기여하고자 하는 의지를 밝히며, 일을 통해 조직과 함께 성장하려는 포부를 표현한다.

답변 흐름:

1) 직무를 선택한 이유와 계기를 설명하고, 2) 지원한 직무의 가치와 의미를 확장하며, 3) 조직에서 성장·기여 의지를 제시하는 순으로 답변한다.

답변 패턴:

"저는 (내적 직무 동기) 때문에 이 직무를 선택했고, 이 일에 깊게 몰입하게 된(또는 관심을 갖게 된) 계기는 대학 시절 (직무를 선택한 계기가 되었던 경험) 때문이었습니다. 이 직무는 저에게 단순히 (업무 기능 수준의 의미)가 아니라 (사회적 기여와 연결된 일의 가치와 의미)라는 점에서 매력적입니다. 입사한다면, (어떤 일을 실현하는 사람)으로 성장하며 (귀사의 비전·전략·직업 가치)에 기여하고 싶습니다."

답변 사례

다음은 이커머스 MD 직무를 지원하는 지원자의 답변 사례이다.

"저는 고객의 숨겨진 니즈를 발견하고 최적의 경험을 설계해 고객의 구매 만족을 높이는 일에 큰 보람을 느껴 이커머스 MDMerchandiser를 선택했습니다. 학부 시절 거래 플랫폼 프로젝트에서 상품 추천과 상품 배치 구조에 따라 구매 전환율이 달라지는 경험을 하면서 이 직무가 고객의 의사결정에 큰 영향을 줄 수 있다는 점에 관심을 갖게 되었습니다. 이후 경험에서 MD는 단순히 상품을 나열하는 직무가 아니라, 고객이 원하는 순간에 원하는 상품을 연결함으로써 고객의 구매 경험 만족을 설계하는 매력적인 직무임을 알게 되었습니다. 앞으로 고객 니즈를 데이터로 파악해 더 나은 구매 경험을 제공하며 회사 성장에 기여하겠습니다.”

Chapter 5

직무 역량을 확인하는 질문,
"직무에서 가장 중요한 역량은?,
지원 직무 준비도는?"

**"사업의 특징, 기업 규모, 성장 단계, 직무 역할 등과 같은
직무 맥락을 이해하면 자신이 경험한 직무 역량 중에서
어떤 능력과 태도를 강조해야 할지가 보인다."**

채용 면접에서 회사는 무엇을 가장 중요하게 평가할까?

신입 채용의 초기 관문에서 가장 크게 작용하는 요소는 직무 경험이다. 한국경영자총협회에서 100인 이상 기업 500개사를 대상으로 실시한 《신규 채용 실태조사》에서도, 2023년에는 58.4%, 2024년에는 74.6%, 2025년에는 81.6%의 기업이 '직무 관련 경험'을 가장 중요한 평가 요소로 꼽았다. 이는 기업들이 당장의 실무 투입 가능성을 중시한다는 점을 보여 준다.[71] 그렇다고 인성을 포함한 컬처 핏의 중요성이 줄어드는 것은 아니다. 실제로 실력이 뛰어나도 조직 문화와 맞지 않아 탈락하는 경우가 있는가 하면, 역량이 다소 부족하더라도 태도와 성격이 긍정적으로 평가되어 합격하는 사례도 많다. 따라서 직무 경험과 컬처 핏은 충돌하는 요소라기보다 서로 다른 차원에서

평가되는 보완적 요소로 이해하는 것이 바람직하다.

많은 기업이 면접을 실무 면접과 임원 면접으로 구분하는 것도 이를 잘 보여 준다. 실무 면접에서는 직무 준비도와 직무 역량 검증에 집중하는 반면, 임원 면접에서는 태도·인성·가치관을 중심으로 컬처 핏을 평가한다. 즉, 면접 단계에 따라 강조점이 달라지는 것이다. 따라서 지원자가 합격 가능성을 높이기 위해서는 실무 면접에서는 구체적 직무 관련 경험과 그 경험에서 얻은 역량을 명확히 어필하고, 임원 면접에서는 자신의 가치관·태도·동기를 조직과 직무에 연결하여 몰입 가능성을 보여 주는 것이 필요하다.

직무 적합도를 높이는 직무 역량 선정의 조건

이 챕터에서는 특히 초기 합격의 관문이 되는 직무 준비도와 직무 역량 검증에 초점을 맞추고자 한다. 그렇다면 면접관은 지원자의 직무 준비 경험에서 무엇을 확인하고자 할까?

핵심은 단순한 전공 지식이 아니라, 지원한 해당 직무 맥락에 '적합한 역량Transferable skill'을 갖추었는가이다. 즉, 면접관은 역량의 직무 적합도를 평가한다. 이때 직무 맥락은 일반적으로 사업 특성, 기업 규모, 성장 단계 및 직무 역할을 포함한다. 예를 들어, 같은 대기업을 지원하는 소프트웨어 전공자일지라도 사업 특성이 가전·자동차 제조업이라면, 임베디드 소프트웨어 직무(특정 하드웨어 장치 안

                                                   면접 썰기

에 내장되어 해당 장치를 제어하거나 운영하는 소프트웨어)를 주로 다루게 된다. 따라서 제품과 연동되는 소프트웨어의 안정성과 성능을 보장하는 소프트웨어 능력이 핵심이 된다. 반면 플랫폼 기업의 경우, 불특정 다수의 사용자가 동시에 플랫폼을 경험하므로, 대규모 트래픽을 안정적으로 처리하고 서비스 가용성을 확보하는 소프트웨어 역량이 중요하다.

기업 규모나 성장 단계에 따라서도 요구하는 역량은 달라진다. 소규모 기업은 멀티태스킹 능력을 선호하는 반면, 대기업은 특정 직무 전문성을 더 중시한다. 플랫폼 기업이라 하더라도 성장 단계에 있을 때는 빠른 프로토타입 개발 경험이 중요하며, 성숙 단계에 접어들수록 서비스 안정성과 데이터 기반 개선 경험을 더 높이 평가한다.

아울러 직무 역할에 따라서 같은 전공 역량이라도 적용 방식은 달라진다. 예를 들어, 프론트엔드Frontend 소프트웨어 직무 역할(사용자가 직접 눈으로 보고 상호작용하는 화면 요소(UI)와 사용자 경험(UX)을 실제 작동하도록 구현)은 UI/UX 이해도와 인터랙션 구현 능력이 중요하다. 반면 백엔드Backend 소프트웨어 직무 역할(사용자가 직접 보지 못하는 영역에서 데이터를 처리하고, 서비스 로직을 실행하며, 시스템이 안정적으로 작동하도록 구현·운영)은 데이터 구조에 대한 이해와 로직 설계 능력, 성능 최적화 역량이 더 중시된다.

이처럼 지원자의 직무 역량은 '어떤 직무 맥락에서 발휘되는가'에 따라 평가가 달라진다. 따라서 신입 지원자라면, 직무 역량과 관련된 질문에 답할 때 반드시 직무 맥락을 고려해 자신의 경험을 구체적으로 연결할 수 있어야 한다.

면접관이 자주 던지는 두 가지 질문은 이를 잘 보여 준다. 그것은, "이 직무에서 가장 중요한 역량은 무엇이라고 생각합니까?"와 "어떤 직무 관련 경험을 했고, 그 경험을 통해 어떤 역량을 습득했습니까?"이다. 이 두 질문은 유형은 다르지만, 본질적으로 같은 목적을 가진다. 즉, 지원자가 직무 맥락에 맞는 역량을 제대로 이해하고 있으며, 그것을 실제 경험을 통해 준비해 왔는가를 확인하는 것이다. 결국 면접관은 "이 지원자가 직무의 본질을 알고 그에 맞는 역량을 실제로 준비해 온 사람인가?"를 확인하고자 한다.

"이 직무에서 가장 중요한 역량은 무엇이라고 생각하나요?"

이 질문은 지원자가 중요하다고 생각하는 직무 역량을 현실성 있게 이해하고 있는지를 본다. 이는 단순히 교과서적인 역량 나열이 아니라, 해당 직무가 놓여 있는 사업 특성·기업 규모·성장 단계·직무 역할과 같은 맥락과 연결될 수 있을 때 비로소 가능하다. 결국 핵심은 직무에 적합한 역량을 말할 수 있는가이며, 나아가 그 역량이 실제로 해당 직무 수행에 있어 핵심적으로 중요한 것인지를 확인하는 것이다. 이는 곧 지원자가 직무에 대해 얼마나 깊이 사고해 왔는지와 어떤 통찰을 지니고 있는지를 평가하는 과정이기도 하다. 직무에 대해 깊이 고민하고 관련 경험을 축적한 지원자라면, 직무 맥락에 기반하여 핵심 역량을 설명하려 할 것이고, 그 순간, 그 답변에서 직무 역량의 경쟁력은 증명될 것이다. 예를 들어, 마케팅 직무를 지원하는 지원자가 "마케팅에서 중요한 역량은 고객 인사이트, 데이터 분석, 커뮤니케이션 능력입니다"라고 질문에 답했다면, 면접관에게 좋은 점수를 받지 못했을 것이다. 그냥 교과서적인 답변이기 때문이다. 하지만 다음 지원자가 "화장품 마케팅에서 중요한 역량은 소비자 인사이트와 감성적 스토리텔링이라고 생각합니다. 소비자는 기능적 효능뿐 아니라 브랜드 이미지와 감정적 메시지에 크게 반응하기 때문에 데이터를 기반으로 국내 소비 트렌드를 읽고 감각적으로 커뮤니케이션하는 능력이 필요합니다"라고 말했다면, 그 지원자는 높은 평가를 받았을 것이다. 훨씬 직무 맥락에 맞는 직무 역량을 설명했기 때문이다. 이런 답변에서 지원자는 현실감 있게 직무의 본질을 이해하고 있다는 강한 인상을 남길 수 있다.

그러면 다음 단계로 어떻게 하면 면접관의 의도를 충분히 담아낸 답변을 구조화할 수 있을지 살펴보도록 하자.

답변 흐름과 패턴

'이 직무에서 가장 중요한 역량은 무엇입니까'라는 질문에 대한 답변은 직무와 연결된 역량과 그 이유만 제시해도 충분하다. 그러나 면접 자리는 주어진 질문 안에서 자신을 최대한 어필할 수 있는 기회이므로 한 단계 더 나아가 그 역량을 어떻게 준비해 왔는지를 간단히 언급하면 평가에 긍정적인 효과를 줄 수 있다.

따라서 답변의 순서는, 첫째 직무의 핵심 역량을 제시하고, 둘째 왜 중요한지에 대한 근거를 설명하며, 셋째 그 역량에 부합하는 경험에 대해 간단히 언급하는 흐름을 따른다. 이 흐름이 효과적인 이유는 '내가 직무에서 무엇을 중요한 역량으로 생각하는가' → '왜 그렇게 생각하는가' → '나는 경험을 통해 준비되어 있다'라는 논리 구조로 자연스럽게 이어지기 때문이다.

첫째 단계에서의 핵심은 직무 본질에 대한 지원자의 이해도를 드러내는 것이다. 따라서 추상적인 덕목(예: 열정, 성실성)만을 언급해서는 부족하다. 사업 특성·기업 규모·성장 단계·직무 역할과 같은 맥락적 조건을 고려해, 그 안에서 요구되는 핵심 역량 2~3개를 짚어내야 한다. 이때의 답변 패턴은 "이 직무에서 가장 중요한 역량은 A와 B라고 생각합니다"가 된다.

둘째 단계에서는 해당 역량이 실제로 직무에서 중요한 이유를 직무 맥락 속에서 설명한다. 예컨대, 같은 역량일지라도 직무에서 중요한 이유가 사업 특성·규모·성장 단계·직무 역할에 따라 달라질 수 있음을 짚어 주는 것이다.

이때의 답변 패턴은 "왜냐하면 이 사업 특성·규모·성장 단계·직무 역할의 직무 맥락에서는 (직무 역량)이 요구되기 때문입니다"가 된다.

셋째 단계는 직무 역량의 준비도를 간단히 설명한다. 원래 이 부분은 "어떤 직무 관련 경험을 했고, 그 경험을 통해 어떤 역량을 습득했습니까?"라는 별도의 추가 질문에서 더 깊이 다루어지는 영역이다. 따라서 이 단계에서는 구체적 사례를 길게 설명하기보다는 준비도를 짧게 강조하는 정도로 마무리하는 것이 좋다.

답변 패턴은 "저는 이를 (인턴, 프로젝트, 공모전, 아르바이트 등) 경험에서 (직무 관련 경험)을 통해 준비해 왔습니다"가 된다.

이 세 단계의 답변을 통해, 첫째 단계에서는 직무에 대한 통찰력과 이해 수준을, 둘째 단계에서는 논리적 사고의 깊이를, 셋째 단계에서는 실제 준비도를 보여 줄 수 있다.

이제 이러한 답변 흐름과 패턴을 적용한 실제 사례를 살펴보자. 다음은 대기업의 IT 솔루션 영업 직무에 지원하는 지원자의 답변 사례이다.

"IT 솔루션 영업은 단순한 제품 설명이 아니라, 고객의 장기적 IT 전략에 맞춘 맞춤형 제안 능력과 여러 부서와의 내부 협력 조율 능력, 그리고 고객과의 장기 파트너십 관리 역량이 핵심이라고 생각합니다. ▶(직무 핵심 역량 제시) 왜냐하면 대기업 IT 솔루션 영업은 고객 기업이 시스템 인티그레이션과 통합 인프라를 고려하면서도, 각 영역별 전문 솔루션을 단계적으로 도입하는 경우가 많기 때문에 이에 맞춰 내부 관련 전문 부서와 긴밀히 협력하며, 고객과의 관계를 장기적으로 관리해 가야 하기 때문입니다. ▶(왜 중요한지 근거 설명) 저는 인턴십에서 고객사의 요구사항을 정리하고 솔루션 제안 과

정을 지원했던 경험을 통해 이러한 능력을 준비해 왔습니다."▶(그 **역량에 부합하는 경험·준비 제시)**

이 사례에서 지원자는 대기업의 IT 솔루션 영업에 도전하고 있다. 같은 영업이지만 IT 솔루션 영업 직무는 제안 영업 능력이 중요하고, 고객 기업의 규모가 클수록 시스템 연동을 고려하면서 단계적이고 영역별로 솔루션을 적용하려는 니즈가 일반적이기 때문에, 고객의 장기적 파트너십 능력이 중요하다. 그리고 대기업은 기업 내부 업무가 분업화되어 있기 때문에 내부 협업 능력(기술팀·마케팅팀 등)이 필수적이다. 반면 중소기업은 고객 기업 규모가 작은 경우가 많아서 단일 솔루션패키지로 전사 업무를 커버하는 '원스톱, 저비용, 빠른 도입'이 중요시된다. 그리고 영업 담당자가 발굴부터 제안, 계약, 사후 관리까지 직접 챙겨야 하기 때문에 고객 요구에 민첩하고 순발력 있게 대응할 수 있어야 한다.

이처럼 답변의 핵심은 기업·산업·성장 단계에 따라 달라질 수 있음을 인지하고 핵심 직무 역량을 정의하는 데 있다.

또 다른 사례로 대기업 플랫폼 기업의 소프트웨어 직군에 지원하는 지원자의 답변 사례를 들어 보자.

"이 직무에서 중요한 역량은 탄탄한 코딩 역량을 바탕으로 안정적이고 확장 가능한 시스템을 설계하는 능력입니다. ▶**(직무 핵심 역량 제시)** 왜냐하면 백엔드는 대규모 트래픽을 지탱하는 뼈대이므로 성능 최적화와 보안까지 고려해야 한다고 생각하기 때문입니다."▶**(왜**

중요한지 근거 설명)

이 사례에서는 '직무의 핵심 역량 제시'와 '왜 중요한지 근거 설명', 이렇게 답변의 흐름 두 단계만 활용하였다. 지원자 자신의 성향과 면접 상황(면접관의 성격이 급하거나 시간이 촉박한 분위기)에 따라서는 묻는 질문에 충실하여 답변하는 것이 유리할 수도 있다.

결국 '직무에서 가장 중요한 역량은'에 대한 답변의 핵심은 직무에 적합한 역량을 현실감 있게 말할 수 있는가이다. 이는 지원자가 중요하다고 생각하는 직무 역량을 직무 맥락에 대한 이해를 바탕으로 말할 수 있는지에 달려 있다. 이를 통해 면접관은 지원자가 직무에 대해 얼마나 깊이 사고해 왔는지와 어떤 통찰을 가지고 있는지를 평가할 수 있다.

"어떤 직무 관련 경험을 했고, 그 경험을 통해 어떤 역량을 습득했나요?"

이 질문은 지원자의 직무 역량 준비도, 즉 실제 실무 투입 가능성을 평가하기 위한 것이다. 다시 말해, '어떤 직무 관련 경험을 했고, 그 경험에서 어떤 역량을 습득했는가'를 확인한다. 앞서 '직무에서 가장 중요한 역량은'에서의 이해가 실제 경험으로 이어져 준비된 인재임을 증명하는 단계라 할 수 있다.

질문 의도

　면접관의 의도는 단순히 직무 지식수준을 확인하는 것이 아니라 첫째, 지원자가 실제 직무와 유사한 활동을 경험했는가, 둘째 그 과정에서 어떤 구체적 역량을 키웠고, 이 역량이 바로 회사의 직무에서 요구하는 것인지를 검증하는 데 있다. 하지만 면접관이 이 질문에서 중요하게 생각하는 것은 단순히 취업을 위해 쌓은 실무 지식과 스킬만이 아니다. 여기서 한 가지 더 중요한 역량이 있다. 아직 충분한 경력을 쌓을 수 없는 신입에게 면접관이 더 눈여겨보는 것은 성장의 잠재력과 태도다. 즉, 실제 업무 수행을 위한 지식이나 도구 활용 능력만이 아니라, 문제를 구조화하고 빠르게 학습하는 능력, 팀원과 협력하는 태도, 일을 끝까지 책임지려는 자세와 같은 직무 기초 능력과 태도이다. 직무 관련 지식과 스킬은 교육 훈련을 통해 단기간에 습득할 수 있지만, 직무 기초 능력과 태도는 자질, 성격, 경험에 영향을 받기 때문에 습득하는 데 오랜 시간이 걸린다. 그래서 면접관은 직무 기초 능력과 태도를 검증하는 데 더 많은 시간과 관심을 기울일 수밖에 없다. 최근 조사 결과들이 이 사실을 뒷받침한다.

　온라인 신문 메트로Metro가 인터넷 채용업체 인크루트에서 831개 기업 인사담당자에게 《신입사원에게 바란다》라는 주제로 설문 조사한 결과를 게재한 적이 있다.[8] 기사에 의하면, 인사담당자 70% 이상은 신입사원의 '직무 기초 능력'과 '태도'에 대해 중시했고, '실무 능력'은 전체 투표율의 20% 수준에 그쳤다고 설명하고 있다. 조사에 참여한 인사담당자들이 최우선으로 꼽은 것은 '배우려는 태도'(24.8%)와 '대인관계 및 커뮤니케이션 능력'(23.5%)과 같은 직무 기초 능력과 태도였다. 그리고 실무 능력은 △'직무 관련 전문지식'(11.7%), △'즉시 전력감(즉시 실무투입 가능)'(7.9%), △'제2외국어 능력'(4.6%), △'자격증'(3.4%) 등의 순이었다. 잡코리아 조사(2025)에서도 직장인 1,606명을 대상으로 '함께 일하고 싶은 신입사원 유형'을 설문 조사한 결과, 직장인들이 선호하는 신입사원 1위는 '업무 센스가 있는 (눈치 빠른)' 사람이었다(67%, 복수 선택 응답).[9] 다음으로 △'성실한 근무 태도'(48.4%), △'배우려는 자세'(38.5%), △'긍정적 마인드와 태도'(37.9%), 이어 △'다양한 알바를 해 본 경험(업무 관련 경험이 많은)'이 뒤를 이었다.

이러한 조사 결과는 대졸 신입 지원자 자신이 직무 관련 경험과 그 과정에서 습득한 역량을 설명할 때 실무 지식과 스킬보다 직무 기초 능력과 태도를 더 강조해야 한다는 사실을 시사한다.

답변의 3가지 핵심 원칙

따라서 직무 역량의 준비도를 확인하는 질문에서 대졸 신입 지원자는, 즉시 기여할 준비가 되어 있으면서도 동시에 직무 기초 능력과 태도를 갖춰 장기적으로 성장 가능한 인재임을 증명하는 것이 답변의 킥이 된다. 그러나 이러한 두 가지 역량을 경험했다고 해서 곧바로 설득력이 생기는 것은 아니다. 해당 경험이 효과적인 이야기 속에서 구조화될 때 비로소 답변은 설득의 힘을 지닐 수 있다. 다음에서 답변을 구조화하기 위한 원칙을 살펴보자.

첫째, 지원 직무 관련 경험을 제시한다. 지원자가 가진 경험 중에서 회사의 직무 맥락과 가장 잘 맞는 경험을 선택한다. 경험의 나열보다 그 경험에서 자신의 역량을 어떻게 습득하고 발휘했는지가 중요하기 때문에 이를 설명할 수 있는 직무 관련 경험을 선별한다. 그리고 경험은 단순한 나열이 아니라 구조화될 때 설득력을 지닌다. 이때 STAR 기법을 활용한다. 단순히 "역량을 발휘 했다"가 아니라, 어떤 상황에서 어떤 역할과 행동을 했으며, 그 결과 어떤 성과와 배움을 얻었는지를 설명한다.

둘째, 습득한 역량을 강조한다. 직무 관련 경험은 단순히 스펙을 내세우기 위함이 아니다. 그 속에서 익히고 발휘한 주요 역량을 드러내야 한다. 여기서 많은 지원자가 직무와 직접 연결된 지식과 도구 활용 스킬을 강조하면서 자신이 실무에 바로 투입될 수 있다는 확신을 심어 주는 데 온 힘을 쏟는다. 하지만 그렇게 해서는 다른 지원자와 차별화가 될 수 없다. 답변의 킥은 지원자 자신이 단순히 직무 지식과 스킬을 넘어서 직무 기초 능력과 태도를 겸비한 인재임을 강조하는 데 있다. 또 다른 답변의 킥이 있다. 그것은 직무 현장에서 얻은 인사이트를 어필하면서 직무에 대한 현실적 이해도가 높다는 신호

　　　　　　　　　　　　　　　　　　　　　　　　　　　　　면접 썰기

를 전달하는 것이다. 여기서 핵심은 학교에서는 얻지 못했던 현장의 인사이트를 실무 현장에서 얻었음을 전달하는 것이다.

셋째, 자신이 습득한 역량이 직무 수행에 적합하다는 것을 강조한다. 즉, 면접관에게 '이 지원자는 실제로 해당 직무를 성공적으로 수행할 준비가 되어 있네.'라고 생각할 수 있도록 자신의 역량이 직무에서 어떤 방식으로 발휘될 수 있는지를 설명한다.

이 세 가지 원칙은 단순한 나열이 아니라 하나의 이야기로 체계화될 때 답변의 논리적 완성도를 높일 수 있다. 이제 이 원칙을 활용해 실제로 설득력 있는 답변의 흐름과 패턴을 구성해 보자.

답변의 흐름과 패턴

'어떤 직무 관련 경험을 했고, 그 경험을 통해 어떤 역량을 습득했는가' 질문에 대한 답변의 흐름은, 첫째 직무 관련 경험을 제시하고, 둘째 경험을 통해 습득한 역량을 강조하며, 셋째 직무의 적합성을 강조하는 순서로 이어진다. 그에 맞춰 답변의 패턴을 제시하면 다음과 같다.

	흐름	전개 패턴
1	지원 직무의 준비 경험 제시	"저는 지원한 직무를 준비하기 위해 (인턴십·공모전·프로젝트 등)을 경험했는데, 가장 기억에 남는 (인턴십)을 중심으로 말씀드리겠습니다. 저는 (역할)을 맡아 (구체적 과업 수행)을 하며, (결과)에 기여한 경험이 있습니다."
2	경험을 통해 습득한 역량 설명	"이 과정에서 (직무 맥락에 맞는 직무 지식·스킬)을 키울 수 있었습니다. 이 경험을 통해 해당 직무에서 중요한 것은 (직무 기초 능력·태도)라는 것을 깨달았습니다."
3	자신의 직무 적합성 강조	"이 경험을 바탕으로 저는 (회사의 해당 직무 역할)에 기여할 수 있다고 확신합니다."

이러한 답변의 원칙과 흐름에 맞춰 한 지원자의 답변 사례를 살펴보자. 첫 번째 사례는 중고거래 플랫폼 PMProject Manager 직무에 지원하는 경우이다.

"저는 중고거래 플랫폼 PM 역량을 쌓기 위해 다양한 인턴십과 프로젝트에 참여해 왔는데, 특히 기억에 남는 ○○○ 인턴 과정 중심으로 제 경험을 말씀드리겠습니다. 저는 PM 보조 역할을 맡아 중고 거래 앱 사용자 불신 패턴을 분석하고 개선안을 설계하는 데 기여한 경험이 있습니다. ▶(지원 직무의 준비 경험 제시) 이 과정에서 C2C 플랫폼 도메인 지식을 바탕으로 데이터를 분석하고 협업 도구를 활용하는 능력을 키울 수 있었습니다. 저는 이 경험을 통해 PM은 단순한 기획자가 아니라, 문제를 구조화하고, 이해관계자를 조율하면서 실행을 책임지는 능력과 태도가 중요하다는 점을 깨닫게 되었습니다.▶(**경험을 통해 습득한 역량 설명**) 이 경험을 바탕으로 PM의 주요 직무인 사용자 경험 개선과 서비스 신뢰 구축에 기여할 수 있다고 확신합니다.”▶(**자신의 직무 적합성 강조**)

이 사례에서 눈여겨볼 부분은, 습득한 역량을 강조할 때 지원자 자신이 직무 지식(중고거래 플랫폼 도메인 지식)과 스킬(데이터 분석 도구, 협업 도구 등의 활용 스킬)에 그치지 않고 직무 기초 역량 중심으로 설명하고 있다는 점이다. 현장 경험을 통해 PM에게 실제 중요한 역량이 문제 구조화 능력, 이해관계자 조율 능력, 실행을 책임지는 태도임을 이해하고 있음을 보여 준다는 점에서, 면접관에게 ‘이 사람은 PM 직무의 현실을 잘 이해하고 있구나.’라는 인상을 전달할 수 있다.

또 다른 예시는 화장품 제형 연구개발직을 지원하는 화학공학을 전공한 대학 졸업생의 답변 사례이다.

“저는 화학공학 전공으로 산학연계 프로젝트에서 화장품 제형 연구를 경험한 적이 있습니다. 당시 목표는 안정성과 사용감을 높일 소재 조합을 찾는 거였고, 저는 문헌과 데이터를 참고해서 실험 조건을 검토하고 일부 실험을 보조했습니다. 또 측정된 물성 데이터를 정리, 분석해서 개선안을 제안했는데, 그 의견이 최종 보고서에 반영되었습니다.▶(**지원 직무의 준비 경험 제시**) 이 경험을 통해 문제 분석과 물성 조절 능력을 키웠고, 무엇보다 연구자는 지식보다 끈기 있게 최적의 조합을 찾아내는 태도가 더 중요하다는 걸 깨닫게 되었습니다.▶**(경험을 통해 습득한 역량 설명)** 이 경험을 바탕으로 귀사의 제형 연구에서도 책임감 있게 기여할 수 있다고 확신합니다."▶**(자신의 직무 적합성 강조)**

이 사례에서는 이공계열 특성상 대부분 지원자는 전공 지식과 실험 기법만을 설명하기 쉬운데 그러지 않고 '끈기와 집중력으로 최적의 조합을 찾아내는 태도'를 강조하고 있다. 이런 점은 연구 직무 현실을 제대로 반영한 답변의 킥이 될 수 있다. 특히 실제 제형 연구(R&D)는 한 번의 실험으로 성과가 나오지 않는다. 수십 번의 반복과 변수 조정 속에서 답을 찾아야 하기 때문에 끈기와 집중력은 면접관이 매우 공감하는 키워드가 될 수 있다.

결국 면접에서 중요한 것은 '많은 스펙을 나열하는 것'이 아니라, 경험을 통해 얼마나 잘 준비된 인재인지 보여 주는 것이다. 여기서 다른 지원자와 차별화된 답변은 직무 맥락의 이해를 통해 역량을 정의하는 데 있다. 사업의 특징, 기업 규모, 성장 단계와 같은 직무 맥락을 이해하면 자신이 경험한 직무 역량 중에서 어떤 능력과 태도를 강조해야 할지가 보일 것이다.

"이 직무에서 중요한 역량은 무엇인가요?"

질문 의도

면접관의 의도를 한마디로 표현하면, '지원자가 이 직무의 본질을 제대로 이해하고 있는가'를 확인하는 것이다. 다시 말해, 직무를 수행하는 데 핵심이 되는 역량을 '현실적으로 정의'할 수 있는지 평가한다. 이 지원자의 현실 감각은 지원하는 회사의 직무 맥락(사업 특성·기업 규모·성장 단계·직무 역할)을 이해할 때 가능하다. 그리고 면접관은 단순히 역량만의 나열이 아니라 '왜 그 역량이 중요한지' 그 맥락과 이유를 알고 싶어 한다.

답변 원칙

첫째, 회사가 실제로 직무에서 중요시하는 핵심 역량을 제시한다. 여기서 답변의 킥은 직무의 핵심 역량을 본질적이면서 현실적으로 정의하기 위해서 직무의 맥락적 요소와 연결하는 것이다. 이렇게 했을 때 답변은 "마케팅의 핵심 역량은 고객 인사이트, 데이터 분석,

커뮤니케이션 능력입니다"에서 "화장품 마케팅에서 핵심 역량은 소비자 인사이트와 감성적 스토리텔링이라고 생각합니다"로 바뀔 수 있다.

둘째, '왜 그 역량이 중요한지'를 직무 맥락과 연결해 설명한다.

셋째, 자신이 지원한 직무 역량을 습득하기 위해 어떤 준비를 했는지 간단하게 언급한다.

답변의 흐름과 패턴

답변 흐름:

1) 직무의 핵심 역량을 제시하고, 2) 왜 중요한지에 대한 근거를 설명하며, 3) 그 역량에 부합하는 준비 경험을 간단히 제시하는 순서로 이어진다.

답변 패턴:

"저는 이 직무에서 가장 중요한 역량을 A와 B라고 생각합니다. 왜냐하면 이 (사업 특성·기업 규모·성장 단계·직무 역할이란 직무 맥락)에서는 (직무 역량)이 요구되기 때문입니다. 저는 이를 (인턴, 프로젝트, 공모전, 아르바이트 등) 경험에서 (직무 관련 경험)을 통해 준비해 왔습니다."

이러한 원칙과 답변의 킥을 활용하여, 산업공학을 전공한 지원자가 IT 솔루션 업체의 프로세스 매니징 직무에 지원하는 사례를 예시하면 다음과 같다.

"저는 이 직무에서 가장 중요한 역량을 업무 프로세스를 분석·최적화하는 능력과 데이터 기반 문제 해결 능력이라고 생각합니다. 왜냐하면 ERP·SCM·CRM은 단순한 시스템이 아니라 기업의 핵심 업무 방식을 혁신하는 도구이고, 특히 귀사처럼 대규모 고객사에 클라우드 ERP와 AI·데이터 연계 서비스를 제공하는 환경에서는 복잡한 업무 프로세스를 구조화하고 조율하는 역량이 요구되기 때문입니다. 저는 인턴십에서 Python과 SQL(데이터를 다루고 프로그램을 만들 때 사용하는 프로그래밍 언어)을 활용해 고객사의 데이터 흐름을 분석하고 개선안을 도출하는 프로젝트를 수행하며 이러한 역량을 준비해 왔습니다."

이렇게 하면 답변은 교과서적인 '프로세스 분석' 수준을 넘어, 산업공학도가 지닌 강점인 업무 프로세스 분석과 최적화 능력에 더해 사업의 특성과 기업 규모라는 직무 맥락까지 반영한 차별화된 답변이 될 수 있다.

"이 직무 관련하여 경험은, 그리고 그 경험에서 습득한 역량은 무엇인가요?"

질문 의도

면접관은 이 질문에서 지원자의 실제 지원자가 갖추고 있는 역량의 직무 적합성을 파악하고자 한다. '직무와 관련된 실제 경험을 통해 이 사람이 필요한 역량을 갖췄는지'를 확인하는 것이 핵심이다.

답변 원칙

직무 적합성을 드러내는 답변에서 가장 중요한 원칙은, 두 가지 핵심 '킥'을 답변의 내용 속에서 자연스럽게 보여 주는 것이다.

첫째, 지원자 자신이 단순히 실무 지식과 스킬을 습득하는 데 머물지 않고 직무 기초 역량과 태도를 함께 갖추었음을 강조하는 것이다. 직무에서 요구되는 중요한 직무 기초 능력과 태도는 문제 해결력, 협력과 소통 능력, 책임감 등이다.

둘째, 경험 현장에서 교과서적이지 않은 현장의 인사이트를 습득했다는 것을 보여 주는 것이다. 이는 지원자가 직무의 현실적 이해도가 높다는 신호가 될 수 있다.

면접 썰기

답변 흐름:

1) 지원 직무의 준비 경험을 제시하고, 2) 경험을 통해 습득한 역량을 설명하며, 3) 자신의 직무 적합성을 강조하는 답변의 순서를 따른다.

답변 패턴:

"저는 지원한 직무를 준비하기 위해 (인턴십·프로젝트 등)을 경험했는데, 가장 기억에 남는 (인턴십)을 중심으로 말씀드리겠습니다. 저는 (역할)을 맡아 (구체적 과업 수행)을 하며, (결과)에 기여한 경험이 있습니다. 이 과정에서 저는 (직무 맥락에 맞는 직무 지식·스킬)을 키울 수 있었습니다. 이 경험을 통해 해당 직무에서 중요한 것은 (직무 기초 능력·태도)라는 것을 깨달았습니다. 이 경험을 바탕으로 저는 (회사의 해당 직무 역할)에 기여할 수 있다고 확신합니다."

답변 사례

답변의 연속성을 이해할 수 있도록 앞서 언급한 산업공학을 전공한 지원자의 "이 직무 관련하여 경험은 무엇이고, 그 경험에서 습득한 역량은 무엇인가?"에 대한 답변을 예로 들어 보자.

"저는 산업공학 전공을 통해 업무 프로세스 분석과 효율화를 배웠고, 또 Python과 SQL을 활용한 데이터 분석(ERP·SCM 같은 업무 프로세스를 이해하고 개선안을 도출하기 위해 데이터를 실제로 다루는 과정) 프로젝트에 참여해 IT 역량을 보완했습니다. 특히, ERP 관련 산학 프로젝트가 기억에 남는데, 중견기업의 회계·구매 프로세스 일부를 맡아 분석해 업무 흐름을 분석하고 담당자 인터뷰를 통해 비효율 지점을 구조화했습니다. 이 과정에서 프로세스 최적화 역량과 협업 능력을 키웠고, 이 직무에서 중요한 것은 단순히 고객 회사의 시스템 도입이 아니라 업무 방식의 혁신을 돕는 것이란 점을 깨달았습니다. 이 경험을 바탕으로 저는 귀사의 고객 기업이 업무 혁신을 이루는 데 기여할 수 있다고 확신합니다."

이 사례는 산학 전공자로서 자신의 강점을 드러내면서(저는 산업공학 전공을 통해 업무 프로세스 분석과 효율화를 배웠고) 자신에게 약점이 될 수 있는 실제 IT를 다루는 실무 지식과 스킬을 쌓으려 노력했다는 것(Python과 SQL을 활용한 데이터 분석 프로젝트에 참여해 IT 역량을 보완했습니다)을 강조하고 있다.

Chapter 6

일머리(일처리 센스)를 확인하는 질문,
"당신의 강점과 약점은?"

"'당신의 단점은'이라는 질문은 지원자의 치부를 드러내려는
함정이 아니라, 자기 성찰과 노력을 통해 단점을 극복하고
성숙해질 수 있는 사람인지를 확인하는 질문이다."

기업의 채용 환경은 빠르게 변화하고 있다. 최근 몇 년간 수시채용의 확대와 경력직 선호 현상은 뚜렷하다. 한국노동연구원이 2023년 말 발간한 《공채의 종말과 노동시장의 변화》 연구보고서에 따르면, 2023년 기업들의 전체 채용공고 중 공채 비중은 35.8%, 수시채용과 상시채용은 각각 48.3%, 15.9%였다. 공채 비중은 2019년 39.9%에서 2022년 37.9%, 2023년 35.8%로 감소세를 보이고 있다. 이 조사 결과를 보면, 많은 기업이 더 이상 일괄적으로 신입을 뽑아 훈련 시키기보다 당장 실무에 투입해 성과를 낼 수 있는 인력을 선호하는 것을 알 수 있다. 이러한 환경 변화는 대졸 신입 지원자들에게 새로운 도전을 안겨 준다. 이제 그들은 단순히 같은 신입끼리 경쟁하는 것이 아니라 실무 경험을 가진 경력직 지원자(특히 중고 신입)와도 직접 경쟁해야 하는 상황에 놓여 있다. 분명 쉽지 않은 조건이다. 그러나 그렇다고 해서 대졸 신입의 채용 가능성이 사라진 것은 아니다. 기업은 여전히 대졸 신입사원을 채용하고 있으며, 대졸 신입이기에 갖는 고유한 장점도 있다. 중요한 것은 그 강점을 어떻게 설득력 있게 보여 주느냐이다. 대졸 신입의 강점은 단순히 '인건비가 저렴하다'라는 차원이 아니다. 이는 회사의 조직 운영과 경력 개발 전략의 본질과 맞닿아 있으며, 왜 기업이 대졸 신입 사원을 채용하는지를 이해하는 출발점이 된다.

"당신의 강점은 무엇인가요?"

기업이 대졸 신입을 채용하는 이유는 세 가지로 요약될 수 있다. 첫째, 대졸 신입은 조직이 중요시하는 가치와 일하는 방식을 처음부터 체화할 수 있다. 경력직은 다른 회사의 방식과 문화를 이미 내재화한 경우가 많아, 새로운 조직의 철학에 완벽히 녹아드는 데 시간이 걸린다. 반면 대졸 신입은 회사의 가치와 일하는 방식을 처음부터 배우고 체화한다. 예컨대, 일부 IT 대기업들이 꾸준히 대졸 신입 공채를 유지하는 이유는 자사만의 일하는 방식을 '신입을 통해 세대 단위로 이식'하기 위함이다. 그들은 단순한 노동 인력이 아니라 조직 고유의 DNA를 이어받는 세대가 된다. 둘째, 장기적으로 조직 맥락과 문화를 이해하는 허리층을 담당할 관리자를 육성하고자 한다. 많은

 면접 썰기

한국 기업은 '허리층 부재'를 호소한다. 경력직은 실무 능력이 뛰어나더라도 장기적으로 조직에 잔류하지 않는 경우가 많다. 회사는 대졸 신입을 채용함으로써 장기간 근속하며 조직의 맥락과 문화를 이해하고, 후에 과장급·팀장으로 성장하길 바란다. 실제로 삼성이나 현대자동차 그룹이 공채를 꾸준히 유지한 것도, 장기적으로 조직을 지탱할 관리자를 내부에서 길러 내려는 계산이 깔려 있다고 봐야 한다. 셋째, 새로운 세대가 가진 감각과 에너지를 조직에 불어넣는다는 점이다. 대기업의 경우 많은 회사의 인력 구조가 고령화되어 가고 있다. 따라서 새로운 생각과 호기심을 갖고 의욕에 찬 인재가 들어와서 조직의 활기를 불어넣어 주기를 원한다. 특히 MZ세대 신입들은 디지털 네이티브로서 사용자 경험과 트렌드 감각에 민감하다. 예컨대, 한 패션 기업은 신입 MD 채용을 통해 20대 고객층의 소비 패턴을 가장 잘 이해할 수 있었고, 이들의 아이디어가 새로운 카테고리 확장의 촉매제가 되었다고 밝힌 바 있다.

결국 대졸 신입을 뽑는 이유는 단기적 성과가 아니라 조직 철학을 새로 이식하고 장기적으로 허리층을 키우며 조직에 새로운 세대의 에너지를 불어넣기 위함이다. 이 모든 이유가 가리키는 공통점은 분명하다. 대졸 신입에게 기업이 기대하는 것은 현재의 충분한 전문성이 아니라 잠재력과 성장 가능성이다. 따라서 면접관은 신입의 현재보다 미래를 본다.

이런 맥락에서 면접에서 자주 등장하는 질문, "당신의 강점은 무엇입니까?"의 진짜 의도가 드러난다. 이 질문은 단순히 이력서에 적힌 지식이나 스킬을 다시 확인하기 위함이 아니다. 면접관은 지원자가 지금 당장 직무에 적합한가만 보는 것이 아니라 앞으로 얼마나 성장할 가능성이 있는지와 장기적으로 조직에 기여할 수 있는 사람인지까지 함께 평가한다. 물론 그렇다고 해서 현재의 실무 능력이 중요하지 않다는 말이 아니다. 많은 면접관은 현실적으로 지원자가 입사 직후 바로 업무에 투입될 수 있는 준비된 인력인가를 확인한다. 그러나 그 모든 평가의 밑바탕에는 "이 사람이 시간이 지남에 따라 더 큰 성과와 가치를 만들어 낼 수 있는가?"라는 본질적 질문이 깔려 있다.

예컨대, 지원자가 광고 인턴 과정에서 SNS 채널 운영과 짧은 콘텐츠 영상 제작을 통해 데이터 분석과 콘텐츠 제작 툴을 익혔다고 말한다면, 이는 즉시 활용 가능한 실무 능력이기 때문에 긍정적으로 평가된다. 그러나 직무 지식과 기술은 입사 후 비교적 짧은 시간 안에 학습이 가능하다. 반면 단기간에 바꾸기 어려운 것은 직무를 대하는 태도와 직무를 풀어내는 자질이다. 문제를 정의하고 구조화하는 능력, 다른 사람과 협업하고 소통하는 능력, 새로운 직무에 대한 호기심, 실패 속에서도 배우려는 겸손과 끈기, 피드백을 수용해 성장으로 전환하는 자세 등은 쉽게 길러지지 않는다. 이런 특성은 개인의 성장뿐 아니라 조직의 성과와도 직결된다. 따라서 면접관이 중요하게 생각하는 것은 지원자가 성장 가능성을 보여 주는 능력과 태도를 갖추었다는 신호이다. 이 점을 단적으로 보여 주는 사례가 있다.

내가 한 제빵업체 인사담당자에게 들은 이야기이다. 그는 "요즘 단순히 정해진 레시피를 따르는 데 그치지 않고, 왜 이 맛이 나오는지, 그리고 무엇이 더 나은 제빵을 만드는지에 대한 호기심을 품고 개선점을 찾아 실험하는 셰프를 찾기 힘들다"고 말했다. 그러면서 자신은 그런 태도를 보이는 지원자를 보면, 다소 지식과 스킬이 부족하더라도 다른 후보자보다 더 높은 점수를 준다고 했다. 면접관이 이런 태도를 가진 지원자에게 끌리는 이유는 분명하다. 단순히 현재의 실무 수행 능력 때문이 아니라 해당 직무에서 지속적 성장 가능성과 미래 성과 가능성을 확인했기 때문이다. 직장인 누구나 '학습의 고원Learning plateau(교육학이나 심리학에서 많이 사용하는 개념으로서, 처음에는 실력이 빠르게 오르다가 일정 단계에 도달하면 성장이 정체되는 현상을 말하는 데, 성장이 정체되면 자신감이 저하되고 '나는 자질이 없나 보다.', '포기해야겠다.'는 생각이 들 수 있다.)'이나 '절망의 계곡Valley of despair(심리학자 더닝과 크루거David Dunning & Justin Kruger가 사용한 개념으로써 능력의 축적 과정에서 뭔가를 조금 알기 시작할 때는 자신을 과대평가하여 자신감이 높지만, 점차 그 직무에 대해 더 많이 알면서 자신이 모르는 것이 많다는 것을 깨닫고 자신감이 급격히 떨어지는 상태를 말한다.)'을 겪는다. 사람들은 직무를 수행하는 과정에서 이런 어려운 과정을 몇 번씩 겪게 되면서 성장한다. 그러나 이를 극복하는 힘은 지식이 아니라 성장과 성과 가능성을 뒷받침하는 능력과 태도이다. 직무에 대한 이러한 능력과 태도를 갖춘 사람일수록 그 바탕 위에 전문성을 쌓아 갈 때 더 높은 수준으로 성장해 나갈 수 있다.

따라서 "당신의 강점은 무엇입니까?"라는 질문은 결국 두 가지를 묻는다. 하나는 지금 이 일을 시작할 준비가 얼마나 되어 있는가이고, 다른 하나는 앞으로 이 일을 더 나은 방식으로 발전시켜 나갈 수 있겠는가이다. 이처럼 면접관의 의도는 단순히 현재의 실무 능력을 확인하는 데 그치지 않고, 지원자가 직무에서 계속 성장할 수 있고 성과에 대한 잠재력을 가진 사람인지를 판단하는 데 있다. 그렇기에 강점을 답할 때는 단순한 지식과 스킬에 머물지 말고, 그 바탕 위에서 성장 가능성과 성과의 잠재력을 보여 주는 태도와 자질까지 드러내는 것이 바람직하다.

답변의 2가지 핵심 원칙

그렇다면 면접관의 의도를 충분히 담아내면서도 경력직과 차별화된 대졸 신입만의 강점을 드러내는 답변은 어떻게 해야 할까? 이를 위해 반드시 지켜야 할 두 가지 원칙이 있다.

첫째, 지원 직무에서 요구하는 능력과 태도를 중심으로 자신의 강점을 제시한다. 자신의 직무 관련 경험에서 쌓은 지식·스킬 나열에 끝내지 말고, 그것을 어떻게 성장과 미래 성과와 관련된 능력과 태도로 연결되는지 보여 주어야 한다. 성장 가능성과 성과에 대한 잠재

 면접 썰기

력을 가늠하는 능력과 태도는 학습의 민첩성(새로운 업무 환경에서 업무 맥락을 빠르게 이해하고 적응하는 능력과 태도), 문제 해결력(상황을 구조화하여 핵심을 짚고 더 나은 방법으로 해결하는 능력), 주도성(지시를 기다리지 않고 스스로 일의 방향을 잡고 실행하는 태도), 협업(다양한 사람과 원활히 일하는 능력과 태도), 소통의 감수성(잘 듣고, 상황에 맞게 자기주장을 하는 태도), 책임감(결과에 대해 끝까지 책임지는 태도), 성장 마인드(실수와 피드백을 잘못 했다는 신호가 아니라 더 잘하기 위한 학습의 기회로 받아들이는 태도), 고객·사용자 관점(고객의 관점에서 일의 의미를 해석하고 처리하는 태도), 회복 탄력성(압박, 실패 속에서 위축되지 않고, 집중력을 유지하는 능력과 태도), 자기 인식 능력(자신의 강점과 한계를 정확히 알고, 성장 자산으로 활용하는 능력) 등이다. 이러한 능력과 태도가 결합될 때, 일하는 현장에서 성과로 작동하는 실제 역량이 만들어진다. 이는 일의 핵심을 빠르게 파악해 효율적으로 일을 처리하는 능력과 경험을 통해 더 나은 방식으로 일해 나가는 태도를 의미한다. 우리는 이러한 능력과 태도를 일머리라고 말한다. 일머리가 있는 사람은 주어진 상황을 정확히 이해하여 무슨 일이 중요한지 빨리 감을 잡으며, 헛힘을 쓰지 않고 일을 해낸다. 더 나아가 경험과 피드백을 학습 자산으로 삼아 더 나은 일하는 방법을 빠르게 익힌다.

지원자는 '당신의 강점은'이란 질문에 대해 이러한 자신의 일머리가 무엇인지 분명하게 설명해야 한다. 그리고 이러한 일머리를 구성하는 능력과 태도는 회사의 조직과 직무에서 중요시하는 것에 바탕을 두어야 한다. 어떤 회사는 문제 해결력을 강조할 수 있고, 다른 회사는 책임감을 더 중요시할 수 있다. 만약 지원자가 그 조직과 직무의 맥락과 관계가 적은 능력과 태도를 언급하면, 오히려 그 답변만으로도 일머리가 없는 사람이 된다. 그렇다면 회사와 해당 지원 직무에서 요구하는 일머리를 어떻게 파악할 수가 있을까? 일반적으로 회사와 직무에서 요구하는 일머리는 채용공고에 제시된 직무 기술 내용과 필요 역량, 조직의 가치, 방송·언론을 통해 드러난 최근 조직이 처한 문제와 과제, 그리고 채용 사이트에 공개된 지원자들의 이력서 등에서 찾아볼 수 있다.

둘째, 자신의 강점을 경험으로 뒷받침한다. 이를 위해서는 대학교 프로젝트, 인턴십, 현장실습, 대외활동, 공모전 등 자신이 관심 있는 직무 관련 경험을 제시해야 한다. 다만 스펙을 나열하는 데 그치지 않고, 그 경험 속에서 무엇을 배웠고, 어떻게 자신의 강점, 즉 성장 가능성과 성과 잠재력으로 이어지는 능력과 태도로 연결되는지를 보여 주는 것이다. 이때 비로소 답변은 하나의 '킥'을 갖게 된다.

많은 지원자가 인턴십이나 화려한 경험이 부족하다는 이유로 위축되곤 한다. 하지만 전혀 그럴 필요가 없다. 중요한 것은 경험의 크기가 아니다. 작은 경험이라도 문제 해결, 실행력, 책임감과 같은 핵심 능력과 태도와 연결한다면 충분히 강점으로 바꿀 수 있다.

이때 경험을 뒷받침하는 가장 좋은 방법은 STAR 기법을 활용하는 것이다. 여기서 핵심은 '행동Action'과 '결과Result'이다. 즉, 경험 속에서 자신이 습득하고 발휘한 직무 관련 역량을 구체적인 행동으로 설명하고, 그 결과로 기여한 것과 배운 것을 강조하는 것이다. 구체적인 행동은 직무 역량에 사실적 설득력을 더해 주고, 배움은 지원자가

  면접 썰기

해당 직무를 발전시킬 수 있는 능력과 태도의 중요성을 인식하고 있음을 드러내 준다.

결과적으로 이 두 가지 원칙이 제대로 답변에 적용될 때 비로소 답변은 신뢰성을 얻는다. 그러나 이것만으로 충분하지 않다. 답변이 어떤 흐름과 패턴으로 구조화되느냐에 따라 지원자가 일을 시작할 준비가 되어 있는지, 그리고 조직과 함께 성장할 잠재력을 갖추었는지가 설득력 있게 드러난다.

답변의 흐름과 패턴

그러면 앞서 언급한 두 가지 원칙을 실제 답변에 적용한 가장 효과적인 답변 흐름과 패턴을 살펴보자.

첫째, 자신의 강점을 두괄식으로 제시한다. 이러한 강점은 단순히 실무 지식과 스킬이 아닌, 성장 가능성과 성과에 대한 잠재력을 보여주는 능력과 태도여야 한다. 둘째, 그 강점을 구체적 경험으로 뒷받침한다. 이때 STAR 기법을 활용하며, 행동Action과 결과Result에 초점을 둔다. 이를 통해 경험 속에서 자신이 익히고 발휘했던 직무 관련 역량을 구체적인 행동으로 설명하고, 배운 것을 강조하여 자신이 성과와 성장 잠재력이 있는 사람임을 드러낸다. 셋째, 성과와 성장 잠재력에 부합하는 자질과 태도를 갖춘 인재임을 다시 한번 분명히 한다.

답변이 이와 같은 구조로 구성될 때 가장 일관성과 신뢰성을 갖춘 메시지 전달이 가능해진다.

'당신의 강점은' 답변 흐름과 패턴

	흐름	전개 패턴
1	자신의 강점을 제시	"저의 강점은 (직무의 핵심 능력·태도)입니다."
2	강점을 경험으로 뒷받침하기	"대학 시절 저는 (공모전·프로젝트·인턴십·아르바이트 등)에서 (역할·과제)를 수행한 적이 있습니다. 그 과정에서 (실무 지식·스킬을 넘어서 직무의 핵심 능력·태도)를 발휘하였고, (기여·배움)이 있었습니다."
3	자신의 강점 재차 강조	"이 경험을 통해 (실무 지식·스킬)만이 아니라 더 중요한 저의 강점은 (직무의 핵심 능력·태도)란 걸 확인했습니다."

이 답변 흐름과 패턴에 따라, 가전 기업 홍보 직무 지원자의 답변을 이렇게 예시할 수 있다.

"저의 강점은 제품과 회사의 가치를 구조화해 내부와 외부 모두가 공감할 수 있는 메시지로 전달하는 능력입니다. ▶(**자신의 강점 제시**) 대학 시절 산학 홍보 프로젝트에서 콘텐츠 제작 툴을 활용해 홍보물을 만들며, 홍보 메시지를 단순히 기능 중심이 아닌, 고객의 생활 속 '편리함·여유로움'이라는 스토리로 풀어낸 경험이 있습니다. 그 결과 소비자의 긍정적인 반응과 참여 직원들의 자부심을 이끌어

  면접 썰기

냈습니다. 저는 이 과정에서 홍보는 단순한 정보 전달이 아니라 직원들에게 자부심을 주고 외부에 신뢰를 구축하는 일임을 깨달았습니다. **▶(강점을 경험으로 뒷받침하기)** 이 경험을 통해 실무 지식과 스킬만이 아니라 더 중요한 저의 강점은 메시지를 구조화해 신뢰와 공감을 만드는 힘임을 확인했습니다."**▶(자신의 강점 재차 강조)**

이 사례는 자신의 강점을 구체적인 경험으로 뒷받침하면서, 단순히 홍보 직무에 필요한 기법을 활용할 수 있다는 수준을 넘어 고객 관점과 메시지 구조화라는 능력과 태도를 갖추고 있음을 보여 준다. 즉, 단순히 제품과 회사 가치를 기능적으로 전달하는 데 머물지 않고 고객의 생활 속 '편리함·여유로움'이라는 관점에서 스토리의 맥을 짚어 더 나은 이야기로 풀어냈다는 점을 강조하고 있다. 또한 STAR 기법을 적용해 자신의 강점을 행동으로 드러내면서, 홍보란 단순한 정보 전달이 아니라 내부의 자부심과 외부의 신뢰를 함께 구축하는 일이라는 홍보 직무의 본질을 정확히 이해하고 있음을 보여 준다. 이러한 본질적 직무 이해를 바탕으로 자신이 조직과 직무에서 요구하는 능력과 태도를 갖추고 있음을 설득력 있게 전달하고 있다.

또 다른 사례를 들어 답변을 구조화하는 데 있어서 앞 사례와 어떤 차이점을 갖는지 살펴보자. 다음은 호텔 영업 직무를 지원하는 지원자의 사례이다.

"저의 강점은 고객 경험의 질을 높일 수 있는 지점을 스스로 찾아 실천하는 태도입니다. **▶(자신의 강점 제시)** 그 사례 중 하나는 워킹홀리데이로 캐나다에서 카페 바리스타로 일했던 경험입니다. 당시 저는 고객의 주문을 받아 음료를 제조하는 역할을 맡았는데, 자주 방문하는 고객들의 주문 패턴을 퇴근 후 시간을 내어 정리하고 외웠습니다. 이후 고객이 다시 방문했을 때, 이전에 주문했던 음료와 옵션을 먼저 제안하자 고객들은 놀라워했고, 이를 계기로 더 많은 단골을 확보할 수 있었습니다.▶**(강점을 경험으로 뒷받침하기)** 이 경험을 통해 저는 단순히 주어진 업무를 수행하는 데서 멈추지 않고, 고객의 경험을 개선할 수 있는 방법을 스스로 찾아 실행하는 것이 저의 가장 큰 강점임을 확인했습니다."▶**(자신의 강점 재차 강조)**

이 사례가 갖는 의미는 전공 인턴십이나 프로젝트가 아니더라도 충분히 면접 답변의 좋은 소재가 될 수 있다는 점이다. 중요한 것은 경험의 화려함이 아니라, 그 경험이 지원 직무의 본질과 얼마나 밀접하게 연결되는가이다. 이 커피숍 아르바이트라는 소재 역시 직무의 본질과 연결되었기 때문에 효과적인 사례가 될 수 있었으며, 그렇지 않았다면 쉽게 평범한 경험으로 전락해 면접관의 관심을 끌지 못했을 것이다. 실제로 이 사례에서 지원자는 이런 이유로 자신의 고객·사용자 관점과 주도성을 강점으로 드러낼 수 있었다.

결국 강점이 직무의 본질과 맞닿아 있을 때에만 경험은 설득력을 갖는다. 다시 말해, 호텔 영업 직무의 본질을 기준으로 카페 아르바이트 경험에서 발휘한 능력과 태도를 재정의했을 때, 비로소 답변은 설득력을 얻게 된다. 이는 곧 직무가 요구하는 능력과 태도를 기준으로 강점을 정의하고, 이를 경험과 일관성 있게 연결해야 한다는 앞서의 답변 원칙을 다시 한번 확인시켜 준다.

"당신의 단점은 무엇인가요?"

면접에서 "당신의 단점은 무엇입니까?"라는 질문은 많은 지원자를 당혹하게 한다. 단점을 솔직하게 드러내자니 자칫 '함께 하기 힘든 치명적 약점으로 인식하지 않을까?'라는 걱정이 앞서고, 그렇다고 가볍게 얼버무리면 성의 없어 보인다. 그렇다면 왜 면접관은 지원자가 이렇게 곤란해할 줄 알면서도 단점을 물어보는 것일까?

질문 의도

이 질문의 목적은 단순히 결점을 파헤치려는 것이 아니다. 물론 실제 직무 수행 과정에서 나타날 수 있는 리스크 요인을 파악하려는 의도도 있지만, 핵심은 그 이상이다. 질문의 목적을 세 가지로 살펴보자.

첫째, 지원자가 자신의 성향을 객관적으로 돌아볼 수 있는 자기 인식Self-awareness 능력이 있는지 확인하려는 것이다. 자기 인식 능력이란 자신을 대상화해 '타인의 눈에 비친 나'를 인식하고, 강점과 단점을 분별하여 더 나은 방향으로 발전하려는 인간 고유의 능력이다. 이 능력이 부족한 사람은 성장이 더딜 수밖에 없다.

둘째, 면접관은 지원자가 단점을 어떻게 관리하고 개선해 나가는

지를 통해 성장 가능성과 개선 의지를 확인하려 한다. 누구에게나 단점은 있다. 중요한 것은 그것을 극복하고 성숙해지려는 노력이 있느냐는 것이다.

셋째, 실제로 조직과의 협업 과정에서 문제가 될 수 있는 잠재적 위험 요소를 확인하려는 목적도 있다. 그러나 거듭 말하지만, 이 질문의 본질은 지원자가 단점을 자신의 성찰과 노력을 통해 성숙한 역량으로 전환할 수 있는 사람인가를 평가하는 데 있다. 그래서 경험 많은 면접관일수록 STAR 기법을 활용해 구체적으로 질문을 이어 가며 지원자의 답변 속에 자기 이해와 개선 노력이 진짜로 담겨 있는지를 살핀다. 그렇다고 자신의 치명적인 약점까지 솔직히 드러내라는 뜻은 아니다. 아무리 압박성 질문이라도 탈락의 빌미가 될 치명적 단점은 피해야 한다.

답변의 3가지 핵심 원칙

그렇다면 어떻게 답변하면, 자신의 약점이 면접관에게 자연스럽게 받아들여지면서도 단점을 단순한 결함이 아니라 성숙함을 증명하는 신호로 바꿀 수 있을까? 그 답변에는 어떤 요소들이 포함되어야 할까? 이러한 질문에 효과적인 대답을 하기 위해서는 다음의 세 가지 원칙을 이해해야 한다.

첫째, 강점과 연계된 단점을 말하라. 강점은 언제나 그림자를 동반한다. 이솝 우화 《사슴의 뿔과 다리》에서 사슴은 날렵한 다리보다 화려한 뿔을 자랑스러워했지만, 사냥개에게 쫓기던 순간 뿔이 나뭇가지에 걸려 결국 목숨을 잃었다. 이 이야기처럼 강점은 상황에 따라 약점으로 전환된다. 책임감은 신뢰를 주지만 지나치면 과부하를 초래하고, 열정은 추진력이 되지만 특정 과제에 집착하면 멀티태스킹이 필요한 상황에서는 균형을 잃을 수 있다. 협력은 팀워크에 이롭지만 자기주장이 부족해질 수 있고, 도전 정신은 혁신을 이끌지만 무모해 보일 수도 있다. 따라서 면접에서 단점을 강점의 그림자로 설명하면 설득력이 생긴다. 예컨대, "저는 책임감이 강한 편이라 일을 혼자 처리하려는 경향이 있습니다." 이렇게 말하면, 강점으로 인해 단점이 상쇄되는 효과도 있지만 무엇보다 진정성 있게 들린다. 언제나 장점으로 작용하는 자질이나 태도 이면에 그림자처럼 약점이 드리워져 있기 때문이다.

둘째, 자기 인식 능력과 개선 노력을 보여라. 자신의 단점을 분명히 이해하고 있다는 점을 밝힌다. 그러나 단점을 단순히 결함으로 제시하는 데 그쳐서는 안 되고, 그것을 어떻게 다루고 보완하고 있는지 보여 줘야 한다. 예컨대, 꼼꼼함 때문에 속도가 늦다는 단점이 있다면, 일정 관리 툴을 활용해 시간을 조율하며 개선하고 있다는 점을 말할 수 있어야 한다. 책임감이 지나쳐 번아웃을 경험한 적이 있다면, 최근에는 팀과 역할을 분담하며 협업을 배우고 있다고 설명할 수 있다. 이렇게 단점을 극복하기 위한 자기 노력을 강조하면, 단점은 오히려 직무 수행에 필요한 능력과 태도를 형성해 온 과정으로 비춰진다.

셋째, 배운 점과 변화의 지속성을 강조하라. 단점을 극복한 결과가 일회성 경험에 그치지 않고, 앞으로도 조직 속에서 반복·확장될 수 있음을 보여 주어야 한다. 이렇게 하면 단점은 더 이상 위험 요소가 아니라 지원자가 성숙하고 성장할 수 있는 자질을 갖추었음을 증명하는 증거가 된다.

"당신의 단점은?"이라는 질문은 단점을 드러내는 것이 아니라 강점과 단점이 어떻게 연결되어 있으며, 그것을 성찰하고 극복해 온 과정을 통해 어떤 사람으로 성장했는가를 보여 주는 기회다.

답변의 흐름과 패턴

다음으로는 이러한 세 가지 답변 원칙을 적용하여 어떻게 답변의 흐름과 패턴을 전개할 수 있는지 알아보자.

첫째, 강점과 연결하여 단점을 제시한다. 장점에서 파생된 단점을 장점과 함께 말하면, 약점이 장점으로 인하여 상쇄되고 자연스럽게 들리는 효과가 있다.

둘째, 자기 이해와 개선 노력을 강조한다. 자신의 단점을 자각하고 극복하기 위한 노력의 과정을 STAR 기법으로 구조화한다. 이런 구조화는 자신의 단점을 직무 수행에 필요한 능력과 태도로 바꾸는 과정이었음을 증명하는 데 초점이 맞춰져 있어야 한다.

셋째, 이 과정에서 배운 점과 변화가 지속될 수 있음을 강조한다. 즉, 자신이 새롭게 습득한 능력과 태도가 회사에서 지속되고 성장의 디딤돌이 될 수 있다는 점을 설명한다.

'당신의 단점은' 답변의 흐름과 패턴

	답변 흐름	답변 패턴
1	강점과 연결된 단점 제시	"저는 (강점에서 파생된) 단점이 있습니다."
2	자기 인식과 개선의 노력을 설명	"기억에 남는 경험을 말씀드리면, (인턴·프로젝트·공모전 등)에서 (역할·과제)를 맡아서 (장점 행동)이 지나치게 발휘되어 (단점 행동)을 해서 (부정적 결과)가 발생한 적이 있습니다. (단점에 대한 자기 인식) 과정에서 (교훈)을 얻었고, (개선 노력)을 통해, 그 결과 (긍정적 결과)가 있었습니다."
3	변화의 지속성 강조	"이후에는 (새롭게 습득한 능력·태도)를 계속 지켜 나가고 있습니다."

이제 실제 면접에서 어떻게 답변하는 것이 단순히 단점 나열이 아니라 오히려 강점을 뒷받침하는 힘으로 변할 수 있는지 실제 사례를 통해 살펴보자.

“저는 꼼꼼한 성격이라 기획안을 작성할 때 완성도를 높이느라 속도가 늦어지는 단점이 있습니다. ▶(강점과 연결된 단점 제시) 기억에 남는 경험을 말씀드리면, 인턴 때 SNS 콘텐츠 기획안을 작성하는 역할을 맡아 완성도를 높이느라 시간을 오래 들이면서 팀원들과 공유가 늦어져 협업에 차질이 생긴 적이 있습니다. 그때 멘토로부터 '기획은 여러 대안을 빠르게 공유해 보고 검토하는 것이 핵심'이라는 조언을 받았습니다. 그 이후에는 초안을 먼저 내고 수정해 가는 방식을 실천해 나갔고, 그 결과 작성한 기획안이 실제 마케팅 콘텐츠로 채택되었습니다. ▶(자기 인식과 개선의 노력을 설명) 지금은 꼼꼼함과 속도의 균형을 의식적으로 관리하며 협업 효율을 높이고 있습니다.”▶(변화의 지속성 강조)

또 다른 사례를 살펴보자. 이 사례는 자기 주도성과 실행력을 강점으로 가진 지원자가 그에 수반한 단점으로 협업의 부족함을 솔직하게 인식하면서 실행력과 협업의 균형이 중요함을 깨닫고 이를 개선해 나가는 이야기 구조이다.

“저는 주도적인 성향이 강해 아이디어가 명확하다고 판단되면 먼저 실행하는 편입니다. 그 결과 프로젝트 과정에서 팀원들의 의견을 충분히 반영하지 못한 경우도 있었습니다. ▶(강점과 연결된 단점 제시) 예컨대, 학교 프로젝트에서 제 의견을 밀어붙이다 보니 팀원의 참여가 떨어지고 저와 팀원 간 갈등을 경험한 적이 있습니다. 제 문제를 곧바로 인식하고 사과하면서, 저는 주도성과 실행력도 협력 기반 위에 있어야 진짜 성과로 이어진다는 교훈을 얻었습니다. 이후에는 팀원 의견을 적극 수렴하고 역할을 분담하며 협업을 중시했습니다. 덕분에 프로젝트를 성공적으로 마칠 수 있었습니다. ▶**(자기 인식과 개선의 노력을 설명)** 지금도 실행력과 협력을 균형 있게 발휘하려고 노력하고 있습니다.”▶**(변화의 지속성 강조)**

두 사례는 모두 강점에서 파생된 단점을 인식하고 개선 노력을 통해 새로운 긍정적 직무 능력과 태도를 형성해 나가는 서사이다. 이런 과정에서 지원자는 면접관에게 성숙함과 성장 가능성을 갖춘 인재라는 신호를 보내고 있다.

결국 “당신의 단점은 무엇입니까?”라는 질문은 지원자의 치부를 드러내게 하려는 함정이 아니다. 그것은 강점과 단점의 불가분성을 이해하고, 자기 성찰과 노력을 통해 성숙해질 수 있는 사람인지 확인하는 질문이다. 우화 속 사슴이 뿔의 화려함만을 자랑하지 않고 다리의 힘을 성찰했다면 살아남았을 것이다. 마찬가지로 면접에서 단점을 노출하는 것은 위기의 순간이 아니라 성장의 과정을 보여 주는 순간이 되어야 한다. 강점과 단점을 동전의 양면으로 인식하고 그것을 발전의 자산으로 바꾸는 태도야말로 조직이 진정으로 원하는 자질이다.

"당신의 강점은 무엇인가요?"

질문 의도

대졸 신입 지원자에게 이 질문은 "현장 투입 즉시 문제 해결력을 발휘할 수 있는가?"를 넘어 직무를 통해 앞으로 더 성장할 가능성이 있는가를 함께 평가한다. 이 질문에 대한 답변의 핵심은 단순히 실무 지식이나 스킬보다 조직에서 직무를 더 발전시킬 수 있는 성장 가능성과 성과에 대한 잠재력을 강조함에 있다.

능력·태도적 요소가 중요한 이유

첫째, 지식과 기술은 학습 가능하지만 성과와 성장과 관련된 자질이나 태도는 학습하기 힘들다. 다시 말해서, 도구 사용법은 가르치면 되지만 문제 구조화 능력, 협업적 태도, 긍정적 마인드 등은 쉽게 가르치기 힘들다. 이러한 능력과 태도는 긴 시간과 노력 속에서 형성될 수 있는 특성을 가졌다. 둘째, 직장인이라면 누구나 '학습의 고원Learning plateau'이나 '절망의 계곡Valley of despair'을 경험한다. 성장 과정에서 일정 시점에 성장이 정체되거나 자신감이 급격히 떨어지는 구간이 반드시 찾아온다. 그러나 이를 극복하는 힘은 단순한 지식이 아니라 성장 가능성과 미래 성과를 뒷받침하는 능력과 태도적 요소이다. 셋째, 이러한 능력과 태도적 요소는 조직의 성공을 좌우할 수 있는 행동력으로 이어진다. 예컨대, 협업 및 책임 있는 수행 능력은 개인의 성과뿐만 아니라 타 부서에서 협력이 필요한 일에 적극적이고 능동적인 소통과 협력, 책임 있는 업무 완수로 연결됨으로써 조직 전체의 성공을 가져다줄 수 있다.

답변의 흐름과 패턴

답변 흐름:

1) 자신의 강점을 먼저 제시하고, 2) 그 강점을 구체적 경험으로 뒷받침하며, 3) 자신의 강점을 다시 한번 강조하는 순으로 답변한다.

답변 패턴:

"저의 강점은 (직무의 핵심 능력·태도)입니다. 대학 시절 저는 (공모전·프로젝트·인턴십·아르바이트 등)에서 (역할·과제)를 수행한 적이 있습니다. 그 경험에서 (실무 지식·스킬과 차별화된 직무의 핵심 능력·태도)를 발휘하였고, (기여·배움)이 있었습니다. 이 경험을 통해 (실무 지식·스킬)만이 아니라 더 중요한 저의 강점은 (직무 핵심 능력·태도)란 걸 확인했습니다."

"저의 강점은 제빵을 단순한 기술 습득이 아니라 문제를 정의하고 개선해 가는 태도로 임한다는 점입니다. 저는 학교 실습에서 만든 바게트의 크러스트 질감이 아쉽다고 느껴 다른 제빵 셰프들의 제품을 비교해 가며, 수분 함량과 발효 시간을 바꿔 실험하곤 했습니다. 그 과정에서 작은 변수 차이가 식감과 풍미를 크게 바꾼다는 것을 배웠습니다. 이런 경험을 통해 단순히 레시피를 정확히 반복하는 데 그치지 않고, 늘 개선과 탐색을 추구하는 태도가 저의 강점임을 확인할 수 있었습니다."

"당신의 단점은 무엇인가요?"

질문 의도

지원자에게 이 질문을 던질 때 면접관이 파악하고자 하는 바는 크게 세 가지다.

첫째, 지원자가 자신을 객관화해 장점과 단점을 인식할 수 있는 자기 인식 능력을 갖추고 있는지다. 둘째, 단점을 단순히 나열하는 데서 그치지 않고, 개선 의지와 변화된 행동 경험을 통해 성장 가능성을 보여 줄 수 있는 사람인지를 확인하고자 한다. 마지막으로, 함께 일할 때 드러날 수 있는 실질적인 리스크나 한계 요인을 미리 파악하려는 목적도 있다. 그러나 이 질문의 본질은 결국, 지원자가 자신의 단점을 성찰과 노력을 통해 성숙한 역량으로 전환할 수 있는 사람인가를 평가하는 데 있다.

답변의 흐름과 패턴

답변 흐름:

1) 강점과 연결된 단점을 제시하고, 2) 자기 인식 능력과 개선 노력을 설명하며, 3) 변화의 지속성을 강조하는 순으로 답변한다.

답변 패턴:

"저는 (강점에서 파생된) 단점이 있습니다. 기억에 남는 경험을 말씀드리면, (인턴·프로젝트·공모전 등)에서 (역할·과제)를 맡아서 (장점 행동)이 지나치게 발휘되어 (단점 행동)을 해서 (부정적 결과)가 발생한 적이 있습니다. (단점에 대한 자기 인식) 과정에서 (교훈)을 얻었고, (개선 노력)을 통해, 그 결과 (긍정적 결과)가 있었습니다. 이후에는 (새롭게 습득한 능력·태도)를 계속 지켜 가고 있습니다."

"저는 주도적으로 일하다 보니 충분한 협의보다 실행을 서두르는 단점이 있습니다. 학교 봉사 동아리에서 식단 개편을 추진하며 직접 재료 구매처를 조사해 단가를 맞춘 신 메뉴안을 마련했지만, 팀과 상의하지 않아 마찰이 생긴 적이 있습니다. 제 의도는 단가를 맞추면서도 질 좋은 메뉴를 제공하려는 의도였지만 주방 팀원들의 부담을 미처 고려하지 못한 결과였습니다. 사과하고 제 의도를 설명해서 갈등은 잘 마무리되었습니다. 저는 이 경험을 통해 좋은 아이디어도 협업과 설득이 전제되어야 실행된다는 걸 배웠습니다. 이후에는 먼저 팀원들과 공유·조율한 뒤 추진하면서 주도성과 협업을 함께 발휘하려 노력하고 있습니다."

Chapter 7

컬쳐 핏을 확인하는 질문,
"당신은 회사의 인재가 될 상像인가?"

**"자기 경험을 통해 자신만의 언어로 인재상을
정의할 수 있을 때, 지원자는 그 인재상을 깊이 이해하고
체득하고 있음을 증명하는 것이다."**

한 IT 솔루션 업체에서 프로젝트 매니징 직무의 신입사원을 뽑는
임원 면접 장면을 보자.

면접관 A임원: "저희 업체는 고객 현장에서 프로젝트를 수행하는
데 예기치 못한 문제가 자주 발생합니다. 상사의 지시가 없어도 스스
로 문제를 정의하고 해결책을 주도한 경험이 있나요?"

지원자: "네, 산학 프로젝트에서 고객사의 채용 프로세스 개선 과
제 수행 중 회사의 잦은 요구사항 변경에 대해 주도적으로 문제를 정
의하고, 직접 개선의 아이디어를 제안해 성과에 기여한 경험이 있습
니다."

면접관 B임원(표정이 굳으며): "그런데 저희 현장은 고객과 책임 있는 커뮤니케이션이 중요합니다. 예상치 못한 문제가 생기면 상사에게 보고하고 상사가 제시한 방향에 따라 바로 실행하는 태도가 중요하다고 생각하는데, 지시가 내려오면 먼저 따르는 편인가요?"

지원자(속으로 면접관의 상반된 의견에 당황스러워하며): "…음, 상황에 따라 다르지만 필요하면 스스로 판단하여 행동하기도 하고, 지시를 따르는 것이 더 효율적일 때는 지시에 충실한 편입니다."

면접관 B임원(또 다시 표정이 굳으며, 마음속으로 '자기 고집이 세겠는데.' 의심하며): "당신은 상사의 지시에 순응하는 편인가요, 아니면 자기 주장을 더 앞세우는 편인가요?"

지원자: "저는 상사의 의견이 옳다고 판단되면 지시에 빠르게 대처합니다. 하지만 제 생각이 더 타당하다고 느껴지면 근거를 보완해 다시 상사와 상의하는 편입니다."

면접관 A(속으로): '스스로 생각하고 설득할 줄 아네.' '자기 주도성이 높은 좋은 인재다.'

면접관 B(속으로): '역시 자기 고집이 강하네… 우리 조직에선 안 맞겠어.'

이 면접 결과 지원자는 두 임원의 상반된 평가로 결국 탈락했지만, 다른 회사에 입사해 좋은 성과를 내며 성장했다. 결국 이 회사는 훌륭한 인재를 놓친 것이다.

이 사례에서 보이는 문제는 면접관이 회사가 추구하는 공통된 핵심 가치가 아니라 개인이 선호하는 가치를 기준으로 질문의 의도와 답변을 해석했다는 점이다. 조직 차원의 인재상이 불명확하다 보니 면접관마다 상반된 의도로 질문을 던지고, 같은 답변도 정반대로 해석된다. 그 결과 지원자는 혼란스러웠고, 평가의 공정성도 떨어졌다. 이런 경우, 회사에 주는 더 심각한 해는 '조직에 필요한 인재'가 아니라 '부서장 개인 취향에 맞는 인재'만 뽑게 된다는 점에 있다. 따라서 회사 인재상人才像의 정립과 적용은 회사가 요구하는 인재를 일관성 있게 확보하는 데 필수적이다.

인재상이란 사전적 의미로 '특정 조직에 어울리는 인재의 모습'을 뜻하지만, 더 구체적으로는 조직이 추구하는 가치와 목표를 달성하기 위해 어떤 사람을 '좋은 인재'로 간주하고 선발·육성할 것인가에 대한 기준이다. 다시 말해, 인재상은 단순히 스펙이 좋은 사람이 아니라, 조직의 문화와 전략에 적합한 사고방식, 태도, 자질을 지닌 사람에 대한 모델이다.

인재상은 조직의 핵심 가치와 핵심 역량에서 비롯된다. 핵심 가치는 '우리 조직답게 일하는 방식'으로, 지시가 없어도 구성원이 자율적으로 선택하고 일관되게 행동하게 하는 가치 기준이다. 이러한 핵심 가치가 조직원에게 내면화되면, 채용·평가·리더십·고객 대응 등 모든 경영 활동이 공통된 원칙 위에서 일관되게 이루어지고, 조직 전체가 한 방향으로 움직이게 된다. 핵심 역량은 '업계에서 살아남고 성장하기 위해 반드시 탁월해야 하는 조직의 능력'이다. 즉, 조직이 지속적으로 성과를 낼 수 있는 전략적인 기반이다. 이 두 요소를 사람의 자질로 구현한 것이 바로 인재상이다. 결국 인재상은 곧 조직원의 바람직한 정체성이며, 기업이 '함께 일하고 싶은 사람'을 명확히 정의하는 기준이 된다. 따라서 인재상에 맞는 사람을 채용한다는 것은 조직의 성과와 지속 가능성을 좌우하는 핵심 과제다.

최근 조사에 의하면, 많은 기업이 인재상의 중요성을 인식하고, 그에 맞는 인재를 채용하려는 움직임이 늘어나고 있다. 고용노동부의 《2024년 하반기 채용 동향 조사》에 따르면[10], 500대 기업 중 61%가 '조직 문화 적합성'을 채용 단계에서 확인하고 있으며, 이를 위해 인적성 검사, 실무 면접, 자기소개서, 임원 면접 등을 적극 활용하고 있다. 기업들은 이를 통해 조직 적응 속도 향상, 협력의 질 개선, 몰입도 상승, 조기 퇴사 감소 효과를 기대한다고 응답했다.

기업이 요구하는 인재상

그렇다면 기업은 어떤 인재를 원할까? 《한국 청년들이 취업하고 싶은 기업 Top 100》[11]을 기준으로 각 기업의 홈페이지와 블로그 등을 분석한 결과, 인재상은 회사마다 조금씩 다르지만, 공통적으로 강조되는 가치가 있었다. 기업들이 가장 많이 제시한 인재상은 '도전'(44곳)이었고, 이어 △'전문성'(40곳), △'열정'(36곳), △'창의성'(34곳), △'소통·협력'(33곳), △'변화·혁신'(32곳), △'원칙·신뢰'(31곳), △'책임의식'(26곳) 등의 순으로 나타났다.

인재상 순위

순위	인재상	비중
1	도전	57%
2	전문성	52%
3	열정	47%
4	창의성	44%
5	소통·협력	43%
6	변화·혁신	42%
7	원칙·신뢰	40%
8	책임 의식	34%
9	고객지향	25%
10	글로벌 역량	22%
11	실행력	19%

* 이상 인재상 순위는 한국 청년들이 취업하고 싶은 TOP100 기업 대상으로, 저자가 홈페이지, 블로그 등을 통해 직접 조사하여 정리하였음.
* '비중'은 TOP100 기업 중 인재상이 확인된 기업 가운데 해당 인재상을 사용하는 기업의 비율을 의미함.

그리고 기업마다 이러한 인재상이 갖는 의미를 조사한 결과, 비록 기업마다 인재상을 동일한 용어로 표현하더라도 그 안에 담긴 의미는 조금씩 달랐다. 그렇지만 전체적으로 조직이 선호하는 핵심적 자질과 태도를 충분히 추론할 수 있었다. 그 내용을 보면 다음과 같다.

인재상과 의미

인재상	의미
도전	실패에 두려워하지 않고, 성공을 위해 시도하는 패기와 투지를 가진 인재
전문성	진취적이고 적극적인 학습 태도를 통해 역량을 개발하여 전문성을 확보하고, 기업 성장에 기여하는 인재
열정	스스로 동기부여하고, 높은 목표 달성을 위해 끈기 있게 최선을 다하는 인재
창의성	무에서 유를 만들듯, 상상을 현실로 구현할 수 있는 인재
소통·협력	열린 자세로 이해관계자와 적극적인 소통과 협력을 통해 시너지를 구현하는 인재
변화·혁신	빠르게 변화하는 시장에 민첩하고 선제적으로 대응하기 위해 기존의 틀에 안주하지 않고 일하는 방식을 혁신하는 인재
원칙·신뢰	원칙을 준수하며 정직하고 올바른 행동으로 이해관계자들에게 신뢰받는 인재
책임 의식	주인의식과 책임감을 지니고 역할과 사명을 완수하는 인재
고객지향	의사결정을 할 때, 고객이 얻는 가치를 중심으로 생각하고 판단하는 인재
존중	겸손한 태도로 상호 존중하고 배려하여 화합을 이뤄 가는 인재
글로벌 역량	글로벌 트렌드를 인식하고, 열린 사고와 글로벌 비즈니스 역량을 갖춘 인재
실행력	올바른 문제의식을 통해 가장 효과적인 방법을 찾아내고 신속하게 실행하여 목적한 바를 달성하는 인재

질문 의도

인재상과 관련된 질문을 통해 면접관이 궁극적으로 확인하고자 하는 것은 지원자가 보여 주는 가치관·태도·행동이 회사의 인재상에 부합하는가와 조직 안에서 장기적으로 성장할 수 있는가이다. 다시 말해, '우리 조직답게 일하는 방식'을 몸에 익힐 수 있는 인재인가를 보는 것이다. 이를 위해 면접관들은 다음과 같은 질문을 던진다.

인재상을 확인하는 질문들(예시)

인재상	질문 문항
도전	"실패했던 경험이 있다면, 그것을 극복하거나 다시 도전한 경험을 들려 주세요." "지금까지 해 본 일 중 가장 도전적이었던 경험은 무엇이며, 어떤 결과를 얻었나요?"
전문성	"최근 1년간 본인이 지원한 직무의 전문성을 높이기 위해 어떤 노력을 하셨나요?" "맡았던 연구나 프로젝트에서 더 나은 결과를 만들기 위해 지식이나 스킬을 쌓으며 노력했던 (기억에 남는) 경험이 있나요?"
열정	"최근 몰입해서 해 본 프로젝트나 활동은 무엇인가요? 그 과정에서 어떤 점이 가장 흥미로웠나요?" "업무 외 시간에 투자하며 배운 것이 있다면 무엇이며, 왜 그것에 열정을 느꼈나요?"
창의성	"기존의 방식을 바꾸어 새로운 방법을 제시한 경험이 있나요?" "새로운 방식으로 일을 개선하거나 문제를 해결하기 위해 끈기 있게 노력해 본 경험이 있나요? 그 결과는 어떠했나요?"
소통·협력	"팀원과의 갈등을 조율하여 협업의 성과를 높인 경험이 있나요?" "본인이 주도하여 협업을 이끌어 낸 경험이 있다면 말씀해 주세요."

인재상	질문 문항
변화·혁신	"기존 방식을 바꾸고 새로운 아이디어를 도입한 경험이 있나요?" "스스로 변화를 주도하거나 실험한 일이 있다면 말씀해 주세요."
원칙·신뢰	"정직함을 지키거나 옳은 일을 하기 위해 손해를 감수했던 경험이 있나요?" "팀원이나 고객에게 신뢰를 받았던 사례는 어떤 것이 있었나요?"
책임 의식	"어렵고 힘든 일이지만 끝까지 책임지고 일을 완수했던 경험이 있는지요?" "전체의 성과를 위해 주어진 내 몫 이상으로 일을 찾아서 완수했던 경험이 있나요?"

위에서 제시된 인재상과 관련한 면접관의 질문을 통해 알 수 있는 것은, 지원자의 과거 경험, 즉 "~했던 경험이 있나요?"에 대한 답변을 근거로 인재상에 부합하는 사람인지를 판단한다는 점이다. 이는 경험 속에서 회사가 중요시하는 가치관, 태도, 행동을 확인하려는 의도다. 다시 말해, 인재상 질문은 "나는 도전하는 사람입니다"와 같은 지원자의 단순한 주장이 아니라 경험 속에서 드러나는 지원자의 상황 인식과 문제에 접근하는 방식, 실패에 대면하는 자세, 협업 과정에서 보이는 행동 등을 통해 그가 조직의 가치와 일하는 방식에 맞는 인재인지 판단한다. 따라서 지원자는 이 질문들에 단순히 "무슨 경험을 했는가"를 말하기보다 그 경험 속에서 보여 준 가치관·태도·사고·행동이 회사의 인재상과 어떻게 연결되는가를 명확히 드러내야 한다.

면접 썰기

답변의 구조화 방법

자소서뿐만 아니라 면접에서 반드시 등장하는 질문 중 하나는 인재상과 관련된 질문이다. "도전적인 과제를 어떻게 해결했는가?", "실패를 어떻게 극복했는가?", "팀워크에서 갈등을 어떻게 풀었는가?"와 같은 질문들 말이다. 이러한 질문은 지원자가 조직이 원하는 인재상에 부합하는 가치관과 태도, 행동을 갖추고 있는지를 확인하기 위한 것이다. 따라서 지원자는 이러한 질문에 어떻게 답변하느냐에 따라 단순히 스펙이 좋은 사람이 아니라 조직의 문화와 가치에 적합한 인재라는 강력한 메시지를 전달할 수 있다. 그렇다면 인재상 질문에서 면접관에게 다른 사람과 차별화된 신호를 보내기 위한 답변의 원칙은 무엇인지 알아보자.

첫째, 먼저 질문의 맥락에 맞는 경험을 한 문장으로 요약하여 두괄식으로 언급한다.

둘째, STAR 기법을 활용해 논리적인 스토리를 구성하되, 그 안에는 개인이 어려움을 극복하며 성장하는 과정이 담겨야 한다. 즉, 이야기 속에 어려움이나 실패로 인한 심리적 갈등이 드러나고 이를 극복해 다시 일어서는 전환점이 포함될 때, 면접관은 지원자의 서사에 깊이 공감하게 된다.

셋째, 경험에서 발휘하고 학습한 인재상을 자신만의 언어로 정의하며 답변을 마무리한다. 즉, "이 경험을 통해 저는 인재상을 나만의 정의로 ~라고 생각합니다. 저의 경험은 그 정의를 실제로 실행했던 계기였고, 앞으로도 이런 능력과 태도를 계속 발전시키며 성장하고 싶습니다."라는 형태가 된다. 예를 들어, 책임감은 사전적 의미로 '맡아서 해야 할 임무나 의무를 중히 여기는 마음'이지만, 지원자가 자신의 경험에서 얻은 통찰을 바탕으로 그 의미를 자신만의 언어로 재해석했다면, 책임감은 '주어진 일이 버겁더라도 후회 없이, 그리고 자신에게 부끄럽지 않게 최선을 다하는 자세'라고 표현할 수 있게 된다. 이러한 접근은 단순히 사전적인 정의를 반복하는 것이 아니라 자신의 경험에서 비롯된 자기 생각을 답변에 담았다는 점에서 면접관에게 깊은 인상을 줄 수 있다. 같은 원칙을 적용하면, '열정은 열심히 하는 것이다'라는 평범한 정의는 '열정은 시간을 잊고 몰입하게 만드는 힘이다'로, '고객지향은 고객 만족을 최우선으로 삼는 자세다'에서 '고객이 필요로 하기 전에 먼저 고민하고 움직이는 것이다'로 바꿀 수 있다.

앞서 설명한 세 가지 답변 원칙을 충실히 적용하면, 답변은 다른 지원자의 답변과 뚜렷이 구별되어 면접관에게 강하게 각인된다. 이러한 차이는 다음의 일반적인 사례와 비교하면 더욱 분명해진다. 예를 들어, 면접관이 "지금까지 해 본 일 중 가장 도전적이었던 경험은 무엇이며, 어떤 결과를 얻었나요?"라고 질문했을 때 자주 볼 수 있는 평범한 답변 형태를 살펴보자.

"저는 도전을 좋아하는 편입니다. 대학 시절 여러 프로젝트에 도전했는데, 특히 팀플Team project에서 리더를 맡았던 적이 있습니다. 처음엔 낯설고 부담스러웠지만 열심히 하면서 자신감도 생기고 성과도 좋았습니다. 그래서 이후에도 리더의 역할에 적극적으로 참여하게 됐습니다. 어떤 경우에도 도전을 두려워하지 않고 다양한 경험을 통해 성장하고 싶습니다.”

이 답변은 언뜻 보기에는 논리적 흐름에 무리가 없어 보인다. 그러나 면접관이 이야기에 몰입할 수 있는 지점이 부족하다. 이는 답변의 세 가지 원칙이 충분히 적용되지 않았기 때문이다. 가장 먼저 드러나는 문제는 두 번째 원칙이다. 표면적으로는 STAR 기법을 활용하고 있지만, 행동Action과 결과Result 부분이 지나치게 추상적이어서 구체성이 떨어진다. 특히 개인의 서사 속에서 실제 마주한 어려움이나 실패에 따른 심리적 갈등, 그리고 이를 극복해 나가는 과정이 드러나지 않아 이야기가 감정적으로 확장되지 못한다. 이로 인해 답변은 사실 전달에 머물고, 면접관에게 깊은 인상을 남기기 어렵다. 더 나아가 세 번째 원칙, 즉 인재상을 자신만의 언어로 재정의하는 요소 역시 빠져 있다. 단순히 “앞으로도 도전하겠다”라는 다짐으로 끝맺고 있는데, 이는 누구나 할 수 있는 말이어서 차별성을 갖기 어렵다. 깊은 인상을 주는 답변이 되기 위해서는 자신의 경험 속에서 얻은 교훈과 배움을 바탕으로, 인재상을 자신만의 언어로 재해석하고 그 과정에서의 성찰이 드러나야 한다. 바로 이 요소가 더해질 때, 답변은 비로소 차별화된 메시지로 면접관에게 전달될 수 있다. 이제 답변의 세 가지 원칙을 실제 답변의 흐름 속에 어떻게 녹여 낼 수 있는지를 살펴보자. 이 원칙들은 그대로 답변 흐름으로 활용할 수 있으며, 다음과 같은 이야기의 패턴으로 정리할 수 있다.

답변의 흐름과 패턴

	답변 흐름	전개 패턴
1	소개하고자 하는 경험이 무엇인지 제시	"저에게 기억에 남는 (도전·협력·열정 등 인재상) 경험은 (프로젝트·인턴십·아르바이트 등에서 있었던 사건)입니다."
2	자신의 경험을 구체적으로 소개	"저는 그 경험에서 (문제에 대한 자기 성찰과 실행 의지)를 갖고 (극복 노력)을 했습니다. (성과)가 있었고, (배움 또는 교훈)을 얻었습니다."
3	자신만의 언어로 인재상을 재해석	"이를 통해 (인재상)은 (인재상을 재해석한 자기만의 정의)라는 것을 깨달았습니다."

이제 이러한 흐름과 패턴을 적용한 답변의 실제 사례를 들어 보자. 투자사에 지원하는 신입 지원자의 답변이다.

"저에게 가장 기억에 남는 도전 경험은 3학년 여름, 투자사 인턴십에서 연이어 탈락했던 때의 일입니다. ▶**(소개하고자 하는 경험이 무엇인지 제시)** 몇 차례 지원했던 인턴십에 계속 떨어지며 점점 좌절감을 느꼈습니다. 하지만 저는 그 순간 좌절하기보다 저의 부족함을 직시하고 반드시 합격하겠다는 의지를 다잡았습니다. 이후 매일 새벽 시장 리서치를 정리하며 TMT(기술·미디어·통신) 업종 분석 노트를 작성했고, 선배의 피드백을 받으며 포트폴리오를 보완해 나갔습니다. 그 결과, 투자사 B사 인턴에 합격했고, '준비된 시도는 반드시 기회로 이어진다'는 교훈을 얻었습니다. ▶**(자신의 경험을 구체적으로 소개)** 저는 이를 통해 도전은 '아무리 어려워도 끝까지 버티면서 해

법을 찾아가는 끈기'라는 것을 깨달았습니다."▶**(자신만의 언어로 인재상을 재해석)**

이런 관점을 유지하며 두 번째, '열정'이란 인재상의 답변 사례를 살펴보자. 다음의 사례는 열정 질문, "스스로 동기를 부여하며 성취감을 느낀 경험이 있었다면, 무엇이었나요?"에 대한 답변이다.

"제 기억에 남는 열정적인 경험은 대학교 대외활동 중 SNS 콘텐츠 프로젝트에 참여했을 때였습니다.▶**(소개하고자 하는 경험이 무엇인지 제시)** 처음엔 매일 콘텐츠를 업로드하는 단순한 역할이었는데, 점차 일에 흥미와 의미를 잃게 되었습니다. 저는 이 일에 변화를 줘야 한다고 생각했고, 일의 가치를 더 높이기 위해 왜, 무엇을 해야 할지를 고민했습니다. 이후 콘텐츠 데이터를 분석해 반응이 좋은 요소를 정리하고 개선안을 제안했으며, 그 결과 팀의 성공에 큰 기여를 하면서 성취감을 느낄 수 있었습니다.▶**(자신의 경험을 구체적으로 소개)** 이 경험을 통해 열정은 단순히 주어진 일을 열심히 하는 것이 아니라 자신의 일에 스스로 몰입해 가치를 확장하고 변화를 만들어내는 힘임을 배웠습니다."▶**(자신만의 언어로 인재상을 재해석)**

두 사례에서 답변이 주는 설득의 힘은 크게 두 가지에서 나온다. 하나는 어려움 속에서 심리적 갈등이 드러나고 이를 극복해 가는 지원자의 내적인 성장 서사가 담겨 있다는 점이고, 다른 하나는 인재상을 자신의 경험을 통해 깊이 성찰하고 이를 자기 언어로 재해석했다는 점이다.

자기만의 언어로 인재상을 재정의하는 방법

여기서는 인재상을 자신만의 언어로 설득력 있게 표현하는 한 가지 방법을 소개하고자 한다. 이를 위해서는 먼저 인재상이 담고 있는 의미를 정확히 이해하고, 그 의미를 하위 요소까지 구체적으로 분석할 필요가 있다. 단순히 사전적 정의만 알고 있어서는 자기 경험을 깊이 탐색하고 풀어내는 데 한계가 있다. 인재상에 담긴 의미를 구체적으로 알고 있을 때, 면접에서 회사 인재상의 핵심 요소 중 어떤 의미를 중심으로 자신의 경험과 연결할지를 분명히 할 수 있고, 인재상이 지닌 맥락에 맞게 경험을 선명하고 개성 있게 드러낼 수 있다. 예컨대 '도전'은 '불확실하거나 어려운 상황에서도 새로운 시도를 두려워하지 않는 자세'라고 정의할 수 있으며, 다음과 같은 하위 요소를 포함한다.

도전의 하위 요소

하위 요소	의미
시도 정신	실패의 가능성을 감안하고도 시도하는 용기
목표 집착력	어려움이 있어도 끝까지 해내는 끈기
한계 돌파	기존의 틀이나 수준을 넘어서려는 태도

면접 썰기

두 번째 사례에서 언급한 열정은 '어떤 일에 몰입하여 즐기며, 지속적으로 에너지를 투입하는 태도'라고 정의할 수 있고, 다음과 같은 하위 요소로 이루어졌다.

열정의 하위 요소

하위 요소	의미
몰입도	일에 푹 빠져 자발적으로 노력하는 자세
지속성	쉽게 지치지 않고 꾸준히 실행하는 힘
자기주도성	시켜서가 아닌 스스로 움직이는 동기

이처럼 인재상의 의미를 하위 요소까지 이해하게 되면, 회사에서 요구하는 인재상을 단순한 추상적 정의에 머무르지 않고 자신의 경험을 바탕으로 구체적인 자기만의 언어로 재해석하여 개성 있는 답변을 만들어 낼 수 있다.

인재상 질문에 적합한 답변이 떠오르지 않는 경우

인재상은 회사마다 다르고 다양하기 때문에 지원자가 예상치 못한 질문을 받을 수도 있다. 따라서 미처 준비하지 못한 답변이 요구되는 경우가 생길 수 있으며, 이때는 당황하지 않고 대처하는 전략이 필요하다. 많은 지원자가 흔히 경험하는 딜레마는 "솔직하게 경험이 없다고 말해야 할까, 아니면 꾸며서라도 답해야 할까?"이다. 결론은 분명하다. 거짓은 금물이다. 면접은 진실성과 일관성이 핵심이므로 꾸며낸 답변은 디테일이 부족하고 주어진 질문의 맥락과 어긋날 수 있으며, 표정과 태도에서 불안이 드러나기 쉽다. 오히려 신뢰를 잃고 탈락할 위험을 높인다. 그렇다고 단순히 "없습니다"라고 답하는 것도 바람직하지 않다. 이는 무책임하거나 성의 없어 보일 수 있기 때문이다.

따라서 지원자는 솔직함을 유지하면서도 자신을 긍정적으로 어필할 수 있는 전략을 준비해야 한다. 그 방법은 크게 세 가지다.

첫째, 유사 경험으로 연결하기이다. "완전히 같은 경험은 없지만 유사한 경험이 있습니다"라고 밝힌 뒤, 질문의 의도와 가장 가까운 경험을 제시하는 방식이다. 예컨대 면접관이 "스스로 변화를 주도한 경험이 있나요?"라고 묻는다면, "전체를 주도한 경험은 없지만 협업 경험 속에서 작은 변화를 만든 경험은 있습니다"라고 시작하면서 관련 사례를 들 수 있다. 예를 들어 보자.

"대학 동아리에서 팀으로 마음치유 앱을 개발했던 경험이었습니다. 동료 A와 다른 팀원들 간에 앱 기능 흐름의 간결성과 기능 부족 간의 의견 충돌이 있었는데 저는 나 자신의 아이디어는 아니었지만 유사 앱 사례들을 조사해 비교 화면을 만들고, '사용성은 기능 수보다 흐름이 중요하다'라는 점을 논리적으로 설득했습니다. 결국 동료 A의 제안이 채택되어 데모에 반영됐고 사용자 테스트에서도 '직관적이다.'라는 긍정적 반응을 얻었습니다. 이 경험을 통해 논리와 근거를 갖고 설득하면 변화의 방향을 만들 수 있다는 점, 그리고 팀의 갈

　　　　　　　　　　　　면접 썰기

등을 더 나은 팀의 성과를 위해 조율해 보는 주도적 태도의 중요성을 체감했습니다."

이 답변에서 면접관은 "타인의 아이디어를 지지하면서 갈등을 해결하기 위해 다른 팀원들을 설득해 나가는" 내용을 듣고 지원자의 자발적이고 성숙한 협업 태도를 느꼈을 것이다. 비록 질문에 정확한 답변은 아니지만 면접관에게 내가 조직에 필요한 사람임을 어필하는 데는 손색이 없는 답변인 것이다.

둘째, 작은 경험을 성실하게 풀어내기이다. 사소해 보이는 경험이라도 진지하게 꺼내 이야기하면 충분히 설득력을 가질 수 있다. 예컨대, 면접관이 "어렵지만 주어진 일을 끝까지 책임감 있게 완수한 경험이 있습니까?"라고 물었는데 특별한 경험이 떠오르지 않는다면, 이렇게 답변을 시작할 수 있다. "솔직히 말씀드리면 말씀하신 수준의 경험이 아직 떠오르지 않습니다. 대신 사소하지만 책임감을 갖고 끝까지 해낸 경험을 말씀드리겠습니다." 이후 구체적 사례를 제시하는 것이다. "제가 의류 매장에서 아르바이트를 할 때였습니다. 모두가 손님 응대와 입고된 옷 정리에 바빠 재고 창고가 어수선했던 상황이 있었습니다. 제 일이 아니어서 괜히 나섰다가 실수하면 어쩌나 망설였지만, 곧 '재작업이 필요하더라도 정리해 두면 동료들에게 도움이 되겠다.'는 생각으로 늦게까지 혼자 정리를 마쳤습니다. 덕분에 다음날 동료들이 효율적으로 일할 수 있었고, 관리자에게도 책임감을 인정받았습니다. 이 경험을 통해 작은 일이더라도 끝까지 책임지고 완수하는 태도가 조직에 기여할 수 있다는 사실을 배웠습니다."

이처럼 답변하면, 질문 맥락에 꼭 맞는 답변은 아니더라도 작은 경험 속에서 지원자가 자기 일을 넘어 팀 전체를 위해 책임을 다할 수 있는 사람임을 충분히 드러낼 수 있다.

셋째, 앞서 제시한 두 가지 대처방안으로 삼을 경험마저 떠오르지 않는다면 최후의 수단으로서, 앞으로의 태도와 의지로 답변하는 것이다. "아직 그러한 경험이 떠오르지 않지만, 만약 그런 상황이 온다면 이렇게 행동하고 싶습니다"라는 방식으로 태도와 각오를 보여 줄 수 있다. 단, 이 답변 전략이 면접관에게 긍정적인 신호로 전달되기 위해서는 단순한 포부가 아니라 구체적인 행동이 뒷받침된 의지가 담겨야 한다. 예를 들어 보자.

"저에게 주어진 일은 아니었지만 전체를 위해 꼭 필요하다고 판단해서 자발적으로 일을 책임지고 해결했던 경험이 있나요?"라는 질문을 받았을 때 답변은 "프로젝트 역할에서 내게 주어진 일 이외의 것을 책임지고 해결했던 경험이 아직 생각나지 않지만, 그런 태도의 중요성은 깊이 이해하고 있습니다."라는 식으로 시작할 수 있다. 이어서 "저는 팀으로 일할 때 전체의 관점에서 일이 어떻게 전개되는지 파악하면서 제 일을 해야 마음이 편해지는 타입입니다. 예를 들어, 마음 치유 앱 개발 프로젝트에 참여하는 경우를 떠올려 보면, 종종 팀은 기능 개발에 몰두하느라 사용자 입장에서 흐름을 충분히 검토하지 못하는 상황이 있을 수 있을 것입니다. 이때 저는 특정 기능을 담당했더라도 '내 일이 아니니까 넘어가자.'라고 생각하기보다는 그 상황에서 저는 팀장에게 제 의견을 제시하고 조처가 이루어질 수 있도록 노력할 것입니다."

이 답변에서 면접관은 지원자가 질문에 꼭 맞는 답변은 아니지만, 지원자가 그런 상황이 있으면 자기 일이 아니더라도 팀을 위해 충분히 스스로 책임을 질 수 있다는 자세를 확인할 수 있을 것이다.

경험이 없을 때 가장 나쁜 답변은 거짓말이고, 두 번째로 좋지 않은 답변은 "없습니다"로 끝내는 것이다. 대신, 유사 경험을 연결하거나, 작은 경험을 성실히 풀어내거나, 또는 앞으로의 태도를 구체적으로 말하는 전략을 사용해야 한다. 이렇게 하면 솔직함을 유지하면서도 충분히 지원자가 조직에 적합한 인재라는 인상을 줄 수 있다. 면접은 질문에 완벽한 답변을 평가하는 자리가 아니라 지원자의 진정성과 가능성을 확인하는 자리임을 잊지 말아야 한다.

질문 의도

면접관이 인재상과 관련된 질문을 하는 이유는 지원자가 조직의 가치와 문화에 얼마나 적합한 인재인지를 검증하기 위해서다. 다시 말해, 면접관은 '당신이 무엇을 할 수 있는가'라는 지식과 기술적인 역량보다 '우리 조직답게 일할 수 있는 사람인가'를 보고 싶어 한다. 따라서 지원자는 자신의 경험을 근거로, 회사가 추구하는 인재상에 부합하는 태도와 행동을 실천할 수 있는 사람임을 설득력 있게 증명해야 한다.

답변의 원칙

우수한 답변의 핵심은 단순히 경험을 나열하는 것이 아니라 하나의 의미 있는 서사로 설득력 있게 풀어내는 것이다. 구조화되고 몰입감 있는 경험 속에서 자기다운 인재상이 드러날 때, 면접관은 그 사람을 신뢰할 수 있다. 면접관에게 깊은 인상을 전달하기 위해서는 특히 다음의 두 가지 요소가 답변을 통해 드러날 수 있어야 한다.

첫째, 가장 기억에 남는 경험을 논리적인 스토리로 구성하되, 그 안에는 개인이 어려움을 극복하며 성장하는 내적 성장 과정이 담겨

야 한다. 둘째, 인재상의 의미를 구체적 수준까지 파악하여 자신의
경험을 바탕으로 자기만의 언어로 인재상을 재해석하여 정의한다.

답변 흐름과 패턴

답변 흐름:

1) 소개하고자 하는 경험이 무엇인지를 제시하고, 2) 자신의 경험
을 구체적으로 소개하며, 3) 자기만의 언어로 인재상을 재해석하는
순서로 답변한다.

답변 패턴:

"저에게 기억에 남는 (도전·협력·열정 등 인재상) 경험은 (프로젝
트·인턴십·아르바이트 등에서 있었던 사건)입니다. 저는 그 경험에
서 (문제에 대한 자기 인식과 실행 의지)를 갖고 (극복 노력)을 했습
니다. 그 결과 (성과)가 있었고, (배움 또는 교훈)을 얻었습니다. 이
를 통해 (인재상)은 (인재상을 재해석한 자기만의 정의)라는 것을 깨
달았습니다."

답변 사례

"협업을 통해 문제를 해결한 경험이 있다면 말씀해 주세요."라는

질문에 대한 답변 사례이다.

"네, 협업으로 문제를 해결한 경험이 있습니다. 대학교 마케팅 학회에서 실제 클라이언트 캠페인을 기획할 때, 창의적인 콘셉트를 강조하는 의견과 예산을 중시하는 현실적인 의견이 충돌했습니다. 저는 팀장이었기 때문에 먼저 아이디어를 정리하고 판단 기준을 마련해 서로 비교한 뒤, 현실적 제약을 반영한 절충안을 제시했습니다. 그 결과 팀은 합의에 도달했고, 캠페인 기획안에 대해 '제약 속에서도 창의성이 돋보인다'라는 피드백을 받았습니다. 이 과정에서 협업은 갈등을 없애는 게 아니라 함께 서로의 의견을 조율해 나가면서 더 가치 있는 제안을 만드는 과정임을 깨달았습니다."

면접 썰기

Chapter 8

장기적으로 함께 성장할 수 있는가를 확인하는 질문, "당신의 입사 이후 경력 목표는?"

**"설득력 있는 경력 목표란 실현 가능한 개인의
성장 로드맵이 뒷받침되고, 이 성장이 곧 회사의 가치 창출로
이어진다는 것을 보여 주는 것이다."**

이런 질문을 받은 지원자 중 과거에는 간혹 "CEO가 되고 싶다" 또는 "임원으로 성장하고 싶다"라고 답변하는 경우가 있었다. 답변을 들은 면접관 중에는 당찬 포부라며 웃어넘기는 일도 있었다. 하지만 모든 면접관이 그렇게 너그럽게 반응할 것이라는 기대는 자신의 면접 결과를 운에 맡기는 것과 같다.

질문 의도

면접관이 이 질문을 하는 이유는 "장기적으로 함께할 수 있는 사람인가?"를 알고 싶은 것이다. 즉, '회사를 경력의 디딤돌'로 생각하는

지, 아니면 진정으로 회사 안에서 길을 찾고자 하는지를 확인하고자 하는 것이다. 그것을 확인하기 위해 "회사 안에서 어떻게 성장하고자 하는가?"에 대한 답변을 듣고, "현실적인 시야를 갖고 있는가?"를 평가하고자 한다. 너무 이상적인 꿈으로 들리거나 뜬구름 잡는 답은 회사 생활에 적응하기 힘들다는 인상을 주게 된다. 회사의 경영진으로 성장하고 싶다는 포부는 이런 측면에서 볼 때, 맥락 없는 허황된 이야기로 들릴 수 있고, '회사에 어떻게 기여'하는 것보다 개인의 직위 상승 욕구에 초점이 맞춰져 있다는 인상을 줄 수 있다. 만약 실무 면접 시 이런 말을 했다면, 함께 일할 사람을 뽑는 실무자나 팀장의 입장에서 무척 불편할 수도 있다.

답변의 3가지 핵심 원칙

그렇다면 지원자가 자신의 경력 성장과 관련된 질문을 받았을 때 어떻게 응답하는 것이 최선일까? 결론적으로 말하면, '경력 성장'은 회사와 연결된 '실행 가능한 미래 로드맵'이어야 한다. 구체적으로 적절한 답변의 요건을 살펴보면 다음과 같다.

첫째, 회사를 발판 삼는 '나만의 목표'가 아니라, 회사에 기여하면서 나의 역할과 권한이 확장되는 과정을 보여 주어야 한다. 즉 역할 기여 → 성장 → 역할과 권한의 확장 흐름이 자연스럽게 보일 수 있어야 한다.

둘째, 구체성이 결여된 뜬구름 잡는 답은 피해야 한다. 예를 들어, "많이 배우고 싶습니다", "열심히 하겠습니다"라는 표현은 지원자가 입사 이후의 성장 방향을 충분히 고민하지 않았다는 인상을 줄 수 있으며, 나아가 회사에 대한 진정성마저 의심받을 수 있다.

셋째, 직무 기반의 성장 계획을 제시할 수 있어야 한다. 면접관이 묻는 "회사 안에서 어떻게 성장하고자 하는가?"라는 질문은, 지원자가 어떤 직무 전문성과 경험을 축적하며 단계적으로 성장할 것인지를 확인하기 위한 것이다. 따라서 회사에서의 성장을 막연한 포부가 아니라, 구체적인 경로와 단계로 설명할 때 답변은 설득력을 갖는다. 회사 안에서 성장 단계는 일반적으로 크게 세 단계, 단기-중기-장기 성장 단계로 구분할 수 있다.

단기는 직무의 기본 개념 이해와 기초적인 적용을 통해 실무에 참여하며, 단일 과제를 분석·개선하는 수준으로 성장하는 단계로 정의할 수 있고, 중기는 2~3개 이상의 전문성을 확장하고, Task를 주도하거나 시스템·제도를 기획하는 수준이다. 그리고 장기는 직무 전문가로서 후배를 지도하고, 타 분야와 융합하여 새로운 가치를 창출하는 수준의 경력 단계를 말한다.

지원자는 이러한 성장 단계를 답변에 활용함으로써 "처음에는 기초를 다지고, 중기에는 역할을 확장하며, 장기에는 전문가 혹은 리더로서 새로운 가치를 창출한다"라는 구체적 로드맵을 설득력 있게 제시할 수 있는 것이다.

이러한 답변의 세 가지 원칙을 종합하면, 지원자 자신이 회사 안에서의 어떤 역할과 경험을 통해 기여의 폭을 넓히고 점진적으로 책임과 영향력이 확장되는 성장 구조를 보여 주어야 한다. 다시 말해, '임원'이라는 말없이도 어떤 역할을 통해 경력의 깊이와 넓이를 확장하는 과정을 표현할 수 있어야 한다.

그런데 이러한 성장 단계는 경력 목표에 따라 그 성장 경로가 달라진다. 여기서 생각할 수 있는 경력 목표는 크게 두 가지 방향으로 나눌 수 있다. 첫째는, 전문가형 경력 목표다. 특정 직무나 기술 영역에서 깊이 있는 전문성을 쌓아 회사의 핵심 성과에 기여하고, 장기적으로는 해당 영역의 권위자로 성장하는 경로이다. 엔지니어, 연구직, 디자이너처럼 특정 분야에 깊은 지식과 기술이 요구되는 직무에서 특히 유효하다. 둘째는, 사업가형 경력 목표다. 초기에는 맡은 직무에서 전문성을 확보하되, 이후에는 다양한 프로젝트와 부서 이동을 통해 시야를 넓히고, 점차 사업 전체를 조망하며 새로운 사업 기회를 주도하는 경로이다. 기획, 마케팅, PM처럼 조직과 시장을 동시에 바라봐야 하는 직무에서 많이 요구된다. 이 두 가지 목표 모두 단순한 포부가 아니라, 그 목표가 회사 안에서의 구체적인 성장 단계로 연결될 때 답변은 설득력을 갖는다.

답변의 흐름과 패턴

지원자가 '장기적으로 함께할 수 있는 사람'이라는 인상을 주기 위

                                                                                      면접 썰기

해서는 답변의 세 가지 원칙과 두 가지 경력 목표를 고려하면서 다음
의 방식으로 답변을 준비하는 것이 효과적이다.

첫째 자신의 경력 목표를 명확히 제시한다. 이때 본인의 성장 방향
이 전문가형인지, 사업가형인지를 분명히 밝히는 것이 좋다. 이 선택
에 따라 이후 성장 경로에 대한 설명의 초점이 달라진다.

둘째, 직무 기반의 성장 계획을 구체적으로 설명한다. 자신의 성장
경로를 단기-중기-장기로 나누어 설명하면, 답변이 추상적 바람이
아닌 실행 가능한 로드맵이라는 인상을 줄 수 있다.

셋째, 성장의 과정이 회사의 기여와 연결되어 있음을 강조한다. 각
단계에서 자신의 역할 확장이 회사의 성과와 가치 창출에 어떻게 이
어지는지 언급하는 것이 바람직하다(모든 성장 단계에서 자신의 역
할 기여를 매번 언급할 필요는 없다). 특히 답변의 마지막에서는 자
신의 성장이 결국 회사에 어떤 가치를 줄 수 있는지를 강조함으로써
면접관에게 '이 지원자는 함께 성장할 수 있는 인재'라는 확신의 마침
표를 찍을 수 있다.

지금까지 설명한 세 가지 답변 흐름에 맞춰 답변 패턴을 다음과 같
이 정리할 수 있다.

	답변 흐름	전개 패턴
1	자신의 경력 목표 제시	"저는 (전문성을 발휘하는 직무 분야의 전문가 또는 사업가)로 성장하고 싶습니다."
2	자신의 성장 경로 설명	"입사 후에는 (단기 시점의 직무 역할)로 실행력을 다지고, 경험이 쌓이면 (중기 시점의 직무 역할)을 하며, 조직에 기여하겠습니다. 장기적으로는 (장기 시점의 직무 역할)을 하여,"
3	성장의 과정이 회사의 기여와 연결됨을 강조	"궁극적으로 조직에 (기여)를 하겠습니다."

다음은 이러한 답변의 구조를 반영한 모범 사례이다. 플랫폼 회사의 마케팅 직군에 지원하는 지원자의 경력 목표 관련한 질문에 대한 답변의 예시이다.

"저는 사용자 중심의 브랜드 경험을 설계하고 데이터를 기반으로 실행하는 마케팅 전문가로 성장하고 싶습니다.▶**(자신의 경력 목표 제시)** 입사 후에는 플랫폼과 사용자 이해를 토대로 실행력을 탄탄히 다지고, 경험이 쌓이면, 데이터 기반 캠페인을 기획하며 성과 최적화에 기여하겠습니다. 장기적으로는 브랜드 철학을 다양한 접점에서 일관되게 연결하여,▶**(자신의 성장 경로 설명)** 궁극적으로 사용자가 플랫폼에서 차별화된 가치를 느끼는 데 기여하겠습니다."▶**(성장의 과정이 회사의 기여와 연결됨을 강조)**

다음은 사업가형 경력 목표를 가진 반도체 개발 직군 지원자의 답변 사례이다.

"저는 개발자로 시작해 사업 전체를 주도하는 사업가형 리더로 성장하고 싶습니다.▶(**자신의 경력 목표 제시**) 입사 후에는 설계와 공정을 이해하며 기초 역량을 충실히 쌓고, 이후에는 칩 개발 프로젝트를 주도하며 성능·원가·품질을 함께 고려하는 시야를 넓히고, 기술적 기여를 통해 칩 경쟁력 향상에 보탬이 되고 싶습니다. 또한 적절한 시점에는 사업기획, 재무, 영업 등을 이해할 수 있는 로테이션, 협업과 교육에 참여해 기술과 사업을 잇는 시각을 확장하겠습니다. 장기적으로는 새로운 반도체 솔루션을 시장 전략과 연결해,▶(**자신의 성장 경로 설명**) 글로벌 경쟁력 강화에 기여하는 리더로 성장하고 싶습니다."▶(**성장의 과정이 회사의 기여와 연결됨을 강조**)

이 사례에서는 전문기술 습득 → 사업가 트랙 경험 → 사업 리더로 이어지는 자연스러운 사업가형 경로를 보여 주고 있다.

경력 목표는 단순히 미래 희망을 나열하는 것이 아니라 구체적이고 실현 가능한 미래 로드맵으로 뒷받침될 때 설득력이 생긴다. 따라서 좋은 경력 목표의 답변은 '회사 안에서 어떤 기여를 하며, 어떤 역할로 성장해 가고 싶은가'라는 관점에서 구성되어야 한다. 이러한 성장 로드맵은 지원자의 성장 방향을 명확히 할 뿐만 아니라 회사 안에서 어떤 방식으로 기여하고, 점차 더 큰 책임을 맡으며 확장해 나갈지를 드러낸다. 결국 이러한 접근은 지원자가 장기적으로 함께할 수 있는 인재라는 신뢰를 면접관에게 심어 주는 중요한 장치가 된다.

질문 의도

"입사 이후 당신의 경력 목표는 무엇인가?" 면접관이 이 질문을 던지는 이유는 이 사람이 회사를 단순한 경력의 디딤돌로 삼으려는지, 아니면 회사 안에서 장기적인 성장 경로를 만들어 가며 성장하려는 의지가 있는지를 확인하기 위해서다. 따라서 면접관은 지원자가 추상적 바람을 이야기하는 것이 아니라 현실적이고 구체적인 계획을 가지고 있는지를 평가한다.

답변 원칙

이때 답변의 원칙은 세 가지로 요약된다. 첫째, 경력 목표는 직무와 연결된 실행 가능한 로드맵이어야 한다. 둘째, "열심히 하겠다"나 "많이 배우겠다"와 같은 모호한 표현은 피하고, 직무에 기반한 구체적 경로를 제시해야 한다. 셋째, 개인의 성장이 조직의 가치 창출에 기여한다는 점을 드러내야 한다.

답변 흐름과 패턴

답변 흐름:

1) 자신의 경력 목표(전문가 또는 사업가)를 명확히 제시하고, 2) 자신의 성장 경로를 단기-중기-장기로 설명하며, 3) 성장의 과정이 회사의 기여와 연결됨을 강조하는 순으로 답변한다.

답변 패턴:

"저는 (전문성을 발휘하는 직무 분야의 전문가 또는 사업가)로 성장하고 싶습니다. 입사 후에는 (단기 시점의 직무 역할)로 실행력을 다지고, 경험이 쌓이면 (중기 시점의 직무 역할)을 하며, 조직에 기여하겠습니다. 장기적으로는 (장기 시점의 직무 역할)을 하여, 궁극적으로 조직에 (기여)를 하겠습니다.

답변 사례

다음은 경력 목표가 전문가형일 때의 답변 사례이다. IT 솔루션 업체의 클라우드 엔지니어 직무에 지원하는 사례이다.

"저는 클라우드 엔지니어로 성장하며 장기적으로는 DX 전략을 주도하는 리더가 되고 싶습니다. 입사 초기에는 클라우드 아키텍처와 온프레미스-퍼블릭 연동 구조(회사 안에 있는 자체 서버와 외부의 클라우드 서비스를 필요에 따라 나눠 쓰고 서로 연결해 사용하는 방식)를 익히고 운영·자동화 업무를 수행하며 기초를 다지겠습니다. 이후에는 클라우드 마이그레이션(회사가 지금까지 자체 서버에서 쓰던 시스템과 데이터를 인터넷 기반 클라우드 환경으로 옮기는 과정)과 멀티 클라우드 설계 프로젝트에 참여해 고객 맞춤 아키텍처를 제안하겠습니다. 장기적으로는 보안·데이터·AI가 융합된 클라우드 구조를 주도하여 글로벌 DX 경쟁력 강화에 기여하고 싶습니다.”

다음은 가전 업체에 지원하는 개발자의 사례이다. 이 개발자는 개발자로 시작하여 사업가로 성장하고 싶은 경력 목표를 가졌다.

“저는 가전 산업에서 제품 개발자로 출발해 사업가형 리더로 성장하고 싶습니다. 입사 초기에는 제품 구조와 핵심 기술, 사용자 경험을 깊이 이해하며 기능 개선에 참여하고, 이후에는 주요 제품군 프로젝트를 주도하며 고객 생활과 시장 데이터를 반영한 기획 역량을 키우겠습니다. 또 사업가로 성장하기 위해 상품기획·재무·영업도 적정 시점에 로테이션과 협업 프로젝트를 통해 경험하되, 우선은 개발 직무에 충실하겠습니다. 장기적으로는 신제품 콘셉트와 사업 전략을 통합해, 글로벌 시장에서 새로운 라이프스타일을 제안하는 리더로 회사의 경쟁력 강화에 기여하고 싶습니다.”

결국 ‘입사 이후 당신의 경력 목표는’에 대한 설득력 있는 경력 목

표란 실현 가능한 개인의 성장 로드맵이 뒷받침되고, 이 성장이 곧
회사의 가치 창출로 이어진다는 것을 보여 주는 것이다.

Chapter 9

성과와 성장의 잠재력을 확인하는 질문,
"당신의 기억에 남는 성취 경험과 실패 경험은?"

"성취 경험에서는 '내가 당신 조직에서 성과를 낼 수 있는 사람이다'라는 것을, 그리고 실패 경험에서는 '내가 실패를 자산으로 당신 조직에서 계속 성장할 수 있는 사람이다'라는 것을 보여 주는 것이 핵심이다. "

"당신의 기억에 남는 성취 경험은?"

어니스트 헤밍웨이Ernest Hemingway의 소설 《노인과 바다The Old Man and the Sea》에서 산티아고는 노구老軀를 이끌고 며칠간의 사투 끝에 거대한 청새치를 잡았다. 하지만 자신의 작은 배에 청새치를 매달고 돌아오는 길에 상어 떼의 습격을 받아, 결국 청새치를 잃는다. 겉으로 보기에는 성과 없는 헛수고처럼 보이지만, 산티아고는 좌절하지 않는다. 그의 성취는 청새치라는 외적 결과에 있지 않고, 커다란 도전을 통해 자신의 한계를 넘어 탁월함을 증명한 데서 오는 자부심에 있었기 때문이다. 그렇기에 그는 청새치를 상어에게 빼앗겼음에도 희망을 말할 수 있었다. 그 희망은 또 다른 삶의 도전에서 다시 자신의 탁월함을 발휘할 수 있다는 자신감에서 비롯된다. 산티아고에 있어서 '어부로서 탁월한 능력과 끈기를 발휘한다는 것'은 자신이 누구인가를 증명하는 것이고, 커다란 도전에서 좌절하거나 포기하지 않고 불굴의 의지를 발휘하는 삶의 에너지였다.

이 이야기는 우리에게 성취를 바라보는 올바른 관점이 무엇인지 다시 한번 생각하게 한다. 성취가 성장으로 이어지려면, 성취의 본질은 성과 자체가 아닌 도전 속에서 자신이 발휘한 능력과 태도가 되어야 한다. 그리고 그것이 삶의 중요한 가치가 될 때, 어떠한 어려움 속에서도 그 능력과 태도는 지속되고 발전할 수 있다는 사실을 보여 준다. 이는 '당신의 성취 경험은'이라는 질문에 대해 대졸 신입 지원자가 면접에서 답변할 때 중요시해야 할 관점이 무엇인지에 대한 큰 시사점을 준다.

질문 의도

면접관이 '기억에 남는 성취 경험'을 묻는 이유는 성취 결과에 대한 자랑이 아니라 성취 과정에서 드러난 능력과 태도를 확인하기 위함이다. 이를 통해 지원자가 앞으로도 성과를 내고 성장할 수 있는지를 평가한다. 구체적으로 이 질문의 의도는 세 가지다.

첫째, 왜 기억에 남는지를 통해 성취의 가치를 어디에 두는지 본다. 만약 외적 보상에만 초점을 맞췄다면 동기의 지속성에는 한계가 있다. 반면 성취의 가치를 어려움을 극복하며 발휘한 행동 자체에 둔다면, 이는 자부심·자율성·유능성·관계성 같은 내적 동기와 연결되고, 앞으로 더 큰 도전에서도 스스로를 움직이게 하는 원동력이 된다.

둘째, 성취 과정에서 드러난 능력과 태도를 파악하려 한다. 이 질문을 통해 경력직에게는 '실제 성과를 낼 수 있는 실력'을 증명하라고 요구하지만, 신입에게는 성과 자체에 직접 연결된 능력보다 성과를 낼 수 있는 잠재력과 성장 태도가 더 중요시된다.

셋째, 무엇을 배웠는가를 통해 조직에서 성장할 자질을 확인한다. 이를 위해 면접관은 "어려움은 없었는가?"와 같은 탐침 질문을 던져, 지원자가 실패와 스트레스 속에서도 좌절하지 않고 긍정적 태도로 무엇을 배웠는가를 파악하고자 한다.

결국 면접관의 세 가지 질문 의도에 충실한 답변이 되려면, 대졸 신입 지원자는 단순히 결과를 나열하기보다 왜 그 경험이 기억에 남는지, 그리고 그 과정에서 어떤 능력과 태도를 발휘했는지를 강조해야 한다. 그러나 많은 지원자가 이 질문을 '성취 수준'을 묻는 것으로 오해해 결과만 강조한다. 중요한 것은 성과가 아니라 과정에서 드러난 잠재력과 성장 가능성이다.

　　　　　　　　　　　　　　　　　

앞서 살펴본 것처럼 면접관은 성취 경험에서 결과가 아니라 과정 속 지원자의 능력과 태도를 확인하고자 한다. 따라서 설득력 있는 답변을 위해서는 세 가지 원칙을 기억할 필요가 있다.

첫째, 성취 경험에서 발휘한 능력과 태도를 드러내야 한다. 핵심은 '무엇을 했고 어떤 성과를 냈다'가 아니라 그 과정에서 보여 준 잠재 능력과 태도다.

둘째, 성취 과정에서 드러나는 잠재 능력과 태도는 어려움을 극복하는 과정에서 빛을 발한다. 순탄한 경험보다 어려움을 이겨 낸 경험이 더 큰 설득력을 가진다. 따라서 성취 과정을 '어려움 → 극복 → 성취'의 서사로 풀어내며, 쉽게 포기하지 않고 능력과 태도를 배우고 발휘하는 모습을 보여 줄 때, 지원자는 더 큰 잠재력을 가진 사람임을 증명할 수 있다.

셋째, 성취의 가치를 외적 보상보다 내적 가치에 두어야 한다. 외적 조건에 의존하는 사람은 보상 가치에 따라 자신이 발휘한 행동의 의미가 결정된다. 보상 가치가 자신의 기대에 못 미치면 동기가 약화된다. 반면 내적 가치에 기반한 사람은 내가 능력과 태도를 배우고 발휘하는 이유를 내적 성취감에서 찾는다. 그래서 그 행동을 일관성 있게 지속할 수 있고, 그 과정에서 자부심·자율감·유능감·유대감 같은 내적 보상을 얻는다. 결국 성취를 내적 가치에 두는 사람은 결과와 상관없이 행동 동기를 계속 유지하며 성장할 수 있다.

　결론적으로 성취 경험 답변의 핵심은 단순한 성과 자랑이 아니다. 중요한 것은 성취 과정에서 어려움을 극복하며 어떤 능력과 태도를 배우고 발휘했는지, 그리고 그것이 자신에게 얼마나 의미 있는 내적 성취였는지를 드러내는 것이다. 더 나아가 이 내적 성취가 앞으로도 자신의 성취를 만들어 냈던 능력과 태도를 지속시키는 동기로 연결될 수 있음을 보여 주어야 한다.

답변의 흐름과 패턴

　앞서 언급한 세 가지 답변 원칙을 실제 답변에 적용하여 다음과 같이 답변의 흐름을 구조화할 수 있다.

　첫째, 기억에 남는 성취 경험을 두괄식으로 제시한다. 반드시 직무 관련 경험일 필요는 없으며, 지원자의 가치와 태도를 드러낼 수 있다면 취미·운동·여행 같은 생활 경험만으로도 충분하다.

　둘째, 성취 과정에서 배우고, 발휘한 능력과 태도를 설명한다. 이 때 과정을 '어려움 → 극복 → 성취'의 서사로 풀어내면서 자신이 성취 경험에서 배우고 발휘한 능력과 태도를 강조한다.

　셋째, 성취의 본질 속에서 내적 가치를 깨닫고, 그것이 내 행동의 지속적인 동기임을 강조한다. 즉, 지원자의 성취 기준이 외적 성과나

면접 썰기

트로피가 아니라 자신의 능력과 태도를 배우고, 발휘하는 행동 자체가 중요한 가치임을 드러내어 성취 과정에서 보여 준 행동이 앞으로도 지속성 있게 재현될 것임을 드러낸다.

이러한 흐름을 바탕으로 답변 패턴을 정리하면 다음과 같다.

답변의 흐름과 패턴

	답변 흐름	전개 패턴
1	기억에 남는 성취 경험 제시	"저의 기억에 남는 성취 경험은 (성취 상황과 행동)입니다."
2	성취 경험에서 발휘한 능력과 태도 설명	"처음에는 (실패·어려움)을 겪었지만, 점차 (능력·태도)를 익혀서 발휘했고, 그 결과 (성과)로 성취감을 느꼈습니다."
3	내적 가치의 인식과 그것이 일의 동기임을 강조	"이런 경험은 저에게 (능력과 태도를 발휘하는 행동 자체)가 성취의 본질임을 깨닫게 하였고, 지금도 저의 일하는 원동력이 되고 있습니다. 그래서 그 경험은 저에게 가장 기억에 남습니다."

이러한 답변 흐름과 구조는 면접관이 가장 확인하고 싶어 하는 핵심, 즉 성과를 낼 수 있는 능력과 태도, 그리고 성장 스토리를 통해 드러나는 성장 가능성을 자연스럽게 보여 준다. 이제 이 원칙을 실제 답변에 어떻게 녹여 낼 수 있는지, 사례를 통해 살펴보자.

"저의 기억에 남는 성취 경험은 의류 브랜드숍 아르바이트에서 인내력을 갖고 도전한 일입니다. ▶(기억에 남는 성취 경험 제시) 처음에는 고객 취향을 잘못 파악하고 추천하여 '귀찮다'라는 반응을 들었지만, 선배에게 적극적으로 묻고 자료를 찾아보며 점차 고객의 취향에 맞는 추천을 할 수 있게 되었습니다. 그 결과 고객이 '취향을 잘 이해한다'라고 인정해 주었을 때 큰 성취감을 느꼈습니다. ▶(**성취 경험에서 배우고, 발휘한 능력과 태도 설명**) 이 경험을 통해 실패 속에서 끈기 있게 배우고 개선하는 과정이 성취의 본질임을 깨달았고, 지금도 그 태도가 제 일의 원동력이 되고 있습니다. 그래서 그 경험이 가장 기억에 남습니다."▶(**내적 가치의 인식과 그것이 일의 동기임을 강조**)

이 사례는 어려움을 극복하는 과정에서 성취의 이유가 끈기 있게 배우고 개선하는 태도에 있음을 보여 준다. 그리고 그 결과로 느낀 성취감은 단순한 판매 실적이 아니라 스스로 더 성장했다는 유능감과 고객과 신뢰로 연결되었다는 내적 보상에서 비롯된 것이다. 결국 여기서 말하는 성취감은 이러한 내적 보상을 압축적으로 표현한 것으로, 답변의 원칙과 흐름에 충실한 완성도 있는 사례라 할 수 있다.

또 다른 사례는 마라톤 대회에서의 성취 경험이다.

"저의 기억에 남는 성취 경험은 마라톤 대회 완주입니다. ▶(**기억에 남는 성취 경험 제시**) 처음에는 좋은 기록을 내지 못했고, 대회 중반에는 무릎 통증으로 포기하고 싶은 순간도 있었습니다. 하지만 '중도 포기는 하지 않겠다.'라는 나 자신과의 약속을 되새기며 한 걸음씩 나아갔고, 결국 완주에 성공했고 성취감을 느꼈습니다. ▶(**성취 경험에서 발휘한 능력과 태도 설명**) 이 경험은 저에게 단순히 결과보다 아무리 어려워도 스스로 정한 목표를 완수하는 끈기의 중요성을 깨닫게 해 주었고, 이후 팀 프로젝트나 자격증 준비에서도 인내력과 자기 주도성을 발휘하는 원동력이 되었습니다. 그래서 그 경험은 저에게 가장 기억에 남습니다."▶(내적 가치 인식과 그것이 자신의 동기임을 강조)

대졸 신입 지원자의 성취 경험은 꼭 대단한 스펙일 필요는 없다. 핵심은 어떤 가치 있는 경험을 해 봤고, 그 성취 경험에서 어떤 능력을 발휘하고 어떤 태도로 임했으며, 그 과정이 자신에게 어떤 의미로 남았는지를 진정성 있게 전달하는 것이다. "성취란 결과가 아니라 내가 몰입했던 시간과 그 안에서의 성장이다"라는 관점에서 풀어낸다면, 평범한 이야기라도 충분히 설득력 있는 답변이 될 수 있다.

"당신의 실패 경험은?"

"최근 A기업 임원으로 있는 후배와 대화를 나누었는데, 그는 면접에서 반드시 묻는 최애 질문이 "당신의 실패 경험은 무엇인가?"라고 했다. 왜 군이 실패 경험을 묻느냐고 하자, 그는 이렇게 말했다. 실패 경험을 통해 지원자가 자신의 잘못에 대해 어떤 방식으로 접근했고 학습의 기회로 삼았는지를 이해함으로써 자기 인식 능력을 볼 수 있고, 책임을 회피하지 않고 끝까지 완수하려는 태도에서 책임감과 문제 해결력을 확인할 수 있다는 것이다. 그리고 더 중요한 것은 '함께 일하고 싶지 않은 사람'을 판단해 낼 수 있다는 것이다. 그에 의하면, 실패 경험을 물었을 때, 간혹 답변을 회피하거나 심지어 "없다"라고 대답하는 지원자가 있다는 것이다. 그는 "세상을 살면서 어떻게 실수와 실패를 안 한 사람이 있을 수 있는가?"라고 반문했다. 그러면서 무엇보다 이런 반응을 보이는 사람은 '실수·실패 = 무능'이라는 고정 관념을 갖고 있어 실패를 외면하거나 타인 탓으로 돌릴 가능성이 높고, 피드백 수용성이 낮을 수 있다고 했다. 이 대화를 나누며 나는 실패 경험 질문이 단순히 약점을 들춰내기 위함이 아니라 '이 사람과 함께 일할 수 있는가'를 검증하는 핵심 질문이 될 수 있다는 사실을 깨달았다.

질문 의도

그런데 사실 이 질문은 면접관의 단골 질문 메뉴 중 하나이다. 지원자 입장에서는 받고 싶지 않은 질문이지만, 반드시 사전에 답변을 준비해야 할 질문 중 하나이다. 그런데 면접관은 이러한 곤란한 질문을 하는 의도는 무엇일까? 앞서 후배의 말을 빌려 설명했지만, 실제로 면접관의 질문 의도는 명확하다.

첫째, 실패를 대하는 태도를 통해 '자기 인식Self-awareness' 수준을 확인하려는 것이다. 둘째, 실패의 원인을 외부가 아닌 자신에게

면접 썰기

서 찾고 개선하려는 '책임감Accountability'을 보고자 한다. 셋째, 실패를 통해 배우고 이를 성장 기회로 삼을 수 있는 '성장 마인드셋Growth mindset'과 '회복탄력성Resilience'을 검증하려는 것이다. 결국 면접관은 "이 지원자가 실패를 숨기지 않고 있는 그대로 받아들이며, 우리가 함께 일했을 때 실패 속에서도 배우고 성장할 수 있는 사람인가?"를 확인하고 싶은 것이다.

답변의 원칙

그렇다면 이런 곤란한 질문을 받았을 때 어떻게 답변해야 할까? 핵심은 실패를 받아들이는 자세다. 많은 지원자들이 이 질문을 피해야 할 함정처럼 여기며, 가급적 작은 실수나 사소한 실패만 짧게 언급하고 넘어가려 한다. 그러나 이러한 회피적인 태도는 면접 내내 지원자를 위축시키고, 그 결과 면접관에게 자신감 없는 인상을 남길 수 있다. 오히려 이 질문은 면접 과정에서 언제든 마주할 수 있다는 식으로 자연스럽게 받아들이고, 솔직하게 답변함으로써 자신의 실패에 대해 바람직한 접근 태도를 드러내 장점을 부각할 수 있는 전략적 기회로 삼는 것이 훨씬 효과적이다.

이런 측면에서, 실패 경험을 드러내는 순간은 약점의 노출이 아니라 성장 가능성을 증명하는 기회가 될 수 있다. 지원자가 단순히 "힘들었다"라는 감정 표현에 그치지 않고, 그 과정에서 어떻게 더 강해졌으며 어떤 교훈을 얻었는지를 명확히 보여 준다면, 그 실패는 오히려 자신을 어필할 수 있는 중요한 자산이 된다. 여기서 핵심은 실패를 회피하거나 축소하기보다 그 경험을 통해 자기 인식·책임 의식·성장 가능성을 드러내는 데 있다.

답변의 흐름과 패턴

이를 위해 답변은 다음과 같은 세 단계 구조로 정리하는 것이 바람직하다.

첫째, 자신이 어떤 실패 경험이 있었는지 두괄식으로 밝힌다.
둘째, 실패 직후 상황을 어떻게 인식했고, 어떤 대응을 했는지를 설명한다. 실패를 있는 그대로 받아들이고, 원인을 외부가 아닌 자신의 판단과 행동에서 찾으며, 책임 있는 태도와 주도적 문제 해결 노력을 드러낸다.
셋째, 그 과정에서 무엇을 배웠는지, 그리고 그 배움이 자신의 태도와 사고방식을 어떻게 바꾸었는지 강조한다. 이렇게 할 때 실패는 단순한 과거의 실수가 아니라, 성장을 이끈 한 과정으로 재해석된다. 결국 실패 경험이 전달해야 할 메시지는 '실패한 사람'이 아니라, 실패를 통해 더 나아졌고 앞으로 더 잘할 수 있는 사람이라는 점이다.

지금까지 언급한 답변 원칙과 답변 흐름을 바탕으로 답변 패턴을 구성하면 다음과 같다.

답변의 흐름과 패턴

	답변 흐름	전개 패턴
1	기억에 남는 실패 경험 제시	"저는 (실패로 이어진 과업·행동)을 하다가 실패한 경험이 있습니다."
2	실패 상황 인식과 대응 방식 설명	"당시 (실패에 영향을 준 자신의 행동) 때문에 (실패 결과)를 겪었습니다. 하지만 그 과정에서 책임감 있게 (실패 후 대응한 행동)을 했습니다."
3	교훈과 태도·행동의 변화 강조	"이 실패는 저에게 (교훈)을 주었고, 이후로는 어떤 프로젝트에서든 (배운 교훈을 근거로 한 태도·행동)을 유지하고 있습니다."

이 답변 단계와 패턴에 맞춰 예를 들어 보자. 다음은 어느 문구 기업의 영업직에 지원한 대학 졸업반 학생이 온라인 캐릭터 숍 운영 중 겪은 실패 경험이다.

"저는 대학 시절 친구와 함께 캐릭터 문구 쇼핑몰을 운영하다가 실패한 경험이 있습니다. ▶(**기억에 남는 실패 경험 제시**) 당시 시장 조사 없이 제 취향만 믿고 상품을 기획한 탓에 판매가 부진했고 결국 폐업을 겪었습니다. 폐업을 결정하는 과정에서 마지막까지 정리 보고서를 만들면서 고객이 원하는 제품과 제 판단 사이의 차이를 확인했습니다. ▶(**실패 상황 인식과 대응 방식 설명**) 비록 폐업이라는 결과로 끝났지만, 이 실패는 저에게 '시장은 감이 아니라 고객 이해와 데이터에서 시작된다'라는 교훈을 주었습니다. 이후로는 어떤 프로젝트에서든 고객 관점에서 데이터를 근거로 전략을 세우려는 태도

를 유지하고 있습니다."▶**(교훈과 태도·행동의 변화 강조)**

　결국 중요한 것은 실패 그 자체가 아니라 어떤 상황에서도 성찰하고 배우려는 자세를 잃지 않는 점이라는 것이다. 그럴 수 있을 때 과거 작은 실패들은 오히려 성장의 자산이 된다.

"당신의 기억에 남는 성취 경험은?"

질문 의도

이 질문은 "이 사람이 성과를 낼 수 있는 잠재력과 성장할 수 있는 자질이 있는가?"를 확인하기 위함이다. 여기서 면접관이 중요시하는 것은 지원자가 성취 경험에서 익히고 발휘한 능력과 태도가 무엇인지, 그리고 성취를 외적인 성취 결과가 아니라 성취 과정에서 발휘한 노력에서 찾고, 그런 태도가 지원자의 내적 동기와 연결되어 회사의 도전적 직무에 계속 몰입할 수 있는 사람인지이다.

답변 원칙

성취 경험에서 중요한 것은 '나는 이 조직에서 성과를 내고 성장할 수 있는 사람이다'라는 점을 보여 주는 것이다.

첫째, 단순히 성과를 강조하는 것이 아니라 성취 과정에서 발휘한 능력과 태도를 드러내야 한다.

둘째, 그 능력과 태도가 실패와 어려움을 극복하는 과정에서 습득되고 강화된 것임을 설명해야 한다. 이를 통해 지원자는 더 큰 잠재력을 가진 사람임을 증명할 수 있다.

셋째, 성취의 가치를 외적 성과보다 행동 자체에서 오는 내적 가치에 두어야 한다. 성취 과정에서 느낀 자부심·자율감·유능감·유대감 같은 내적 성취감은 앞으로도 능력과 태도를 지속시키는 동기 요인이 된다.

결과적으로 신입 지원자는 성취 과정에서 배우고 발휘한 능력과 태도, 그리고 그것이 내적 성취감에서 비롯된 것이고, 회사에서 지속 가능하다는 것을 보여 주는 답변을 해야 한다.

답변의 흐름과 패턴

답변 흐름:

1) 기억에 남는 성취 경험을 제시하고, 2) 성취 경험에서 발휘한 능력과 태도를 설명하며, 3) 내적 가치의 인식과 그것이 일의 동기 요인임을 강조하는 순서로 답변한다.

답변 패턴:

"저의 기억에 남는 성취 경험은 (성취 상황과 행동)입니다. 처음에는 (실패·어려움)을 겪었지만, 점차 (능력·태도)를 익혀서 발휘했고, 그 결과 (성과)로 성취감을 느꼈습니다. 이런 경험은 저에게 (능력과 태도를 발휘하는 행동 자체)가 성취의 본질임을 깨닫게 하였고, 지금

도 저의 일하는 원동력(또는 동기)이 되고 있습니다. 그래서 그 경험
은 저에게 가장 기억에 남습니다."

답변 사례

이 사례는 대학교 시절 기업 주최 대학생 프로젝트 참여 경험에서
의 성취 사례이다.

"제가 기억하는 가장 큰 성취는 어려운 상황에서 협력의 원칙을 지
켜낸 경험입니다. 대학 학회 프로젝트에서 팀장을 맡았을 때였습니
다. 팀원들이 작업한 자료의 완성도는 낮고 의견도 모아지지 않는데
발표 시간은 얼마 남지 않은 상황에서, 혼자 일을 처리하고 싶은 유
혹이 컸습니다. 하지만 팀장의 역할과 책임을 다시 되새기며, 팀원들
을 독려하여 저녁마다 논의를 주도하였고, 어려웠지만 함께 협력하
여 일을 무사히 끝냈습니다. 그 결과, 완성도 높은 결과물을 만들 수
있었습니다. 이런 경험은 저에게 성과보다 과정에서 노력한 협력과
책임이 더 큰 성취라는 걸 깨닫게 해 주었고, 지금도 제 일의 원동력
이 되었기에 저에게 가장 기억에 남습니다."

"당신의 실패 경험은?"

질문 의도

'기억에 남는 실패 경험은'에 대한 질문은 "이 사람이 실패를 학습의 자산으로 삼고 성장할 수 있는 자질을 가졌는가?"를 확인하기 위함이다. 면접관은 이러한 능력과 태도를, 지원자가 실패를 외부의 탓으로 돌리지 않고 자신의 판단과 행동에서 찾고자 하는지(자기 인식), 실패의 결과를 스스로 책임지려는 자세로 임하는지(책임감), 그리고 실패를 학습과 성장의 계기로 삼는지(성장 마인드셋)를 평가함으로써 알 수 있다.

면접관은 기억에 남는 실패 경험 자체에서 지원자가 성장할 수 있는 자질을 평가하려는 의도 이외에도 '다른 사람들과 함께 일할 수 있는 사람인지'를 판단하고자 한다. 비록 성취 경험 질문에는 잘 대답하지만, 실패 경험을 회피하거나 감추려는 사람은 함께 일하기 어렵다고 생각한다. 이러한 사람은 실패를 인정하기 싫어해서 실패에 대한 피드백 수용성이 떨어지기 때문이다. 면접관은 조직에서 피드백과 도전을 통해 계속 학습하며 성장할 수 있는 성장형 인재를 원한다.

실패 경험에서는 "나는 실패에 위축되지 않고, 그것을 자산 삼아 성장할 수 있는 사람이다"라는 점을 보여 주는 것이 핵심이다. 실패는 약점이 아니라 자기 인식·책임 의식·성장 가능성을 드러낼 수 있는 기회다. 따라서 실패를 감추거나 축소하기보다 그 경험을 통해 무엇을 배우고 어떻게 성장했는지를 강조해야 한다.

답변의 흐름과 패턴

답변 흐름:

1) 기억에 남는 실패 경험을 제시하고, 2) 실패 상황을 어떻게 인식했고 대응했는지를 설명하며, 3) 교훈과 태도·행동의 변화를 강조하는 순서로 답변한다.

답변 패턴:

"저는 (실패로 이어진 과업·행동)을 하다가 실패한 경험이 있습니다. 당시 (실패에 영향을 준 자신의 구체적 행동) 때문에 (실패 결과)를 겪었습니다. 하지만 그 과정에서 책임감 있게 (실패 후 대응한 행동)을 했습니다. 이 실패는 저에게 (교훈)을 주었고, 이후로는 어떤 프로젝트에서든 (배운 교훈을 근거로 한 태도·행동)을 유지하고 있습니다."

이 사례는 지원자가 공모전 출품에 참여해서 경험했던 실패 사례이다.

"저는 혼자 책임지려다 오히려 팀워크를 해친 실패 경험이 있습니다. 대학교 2학년 때 교내 영상 공모전에서 영상 편집을 맡았는데, 당시 이 활동과 수업 과제의 프로젝트 리더를 병행하고 있었습니다. 그런데 과제의 부담을 혼자 감당하려다가 편집 영상을 제때 공유하지 못해 마감 직전에 팀원들이 밤을 새워야 했습니다. 팀원들에게 사과하는 과정에서 '우리는 한 팀인데 왜 혼자 책임지려 하느냐'라는 말을 듣고, 소통 없는 책임감은 팀워크를 해칠 수 있다는 걸 깨달았습니다. 이후로는 일이 몰릴 때 반드시 먼저 공유하고 역할을 조율하는 습관을 갖게 되었습니다."

Chapter 10

간절함을 드러낼 수 있는 질문,
"마지막으로 하실 말씀이 있습니까?"

"좋은 마지막 답변은 긍정적 인상을 확정 짓는 '도장'이다.
특히 합격과 불합격의 경계선에 있는 지원자에게는
합격과 탈락을 결정짓는 승부처가 된다."

마지막까지 당신에게 주어진 기회에 최선을 다해야 한다. 면접관의 모든 질문은 기회이며, 단지 그 기회를 어떻게 활용하는지가 중요할 뿐이다. 따라서 마지막 질문, "마지막으로 하실 말씀이 있으면 하십시오." 혹은 "마지막으로 궁금한 점이 있으시면 물어보십시오."라는 면접관의 멘트를 결코 예의상의 인사로 흘려보내서는 안 된다.

심리학에는 '최신 효과Recency effect'라는 원리가 있다. 사람은 가장 마지막에 접한 정보를 더 잘 기억하며, 그것이 최종 판단에 강하게 작용한다는 것이다.

버락 오바마가 2008년 민주당 전당대회에서 연설 마지막에 "Yes we can"을 반복했던 것도 같은 맥락이다. 그 한 문장이 강렬한 인상으로 각인되어 이후 캠페인의 핵심 슬로건이 되었고, 유권자들의 선택에 강한 영향을 미쳤다. 이처럼 중요한 연설과 프리젠테이션, 광고에서는 끝부분에 중요한 메시지를 배치하여 강한 인상을 남기고자 한다.

면접 역시 다르지 않다. 면접관이 "마지막으로 하실 말씀이 있습니까?"라고 묻는 순간, 지원자는 최신 효과를 활용할 수 있는 절호의 기회를 맞이한다. 이때 남긴 인상은 면접관이 직후에 작성하는 '종합 평가 메모'에 그대로 반영되어 "이 지원자, 생각보다 더 괜찮다"라는 긍정적 평가로 강화될 수 있다. 문제는 어떤 답변이 그런 인상을 남기느냐이다. 흔히 지원자들은 이 질문을 단순한 마무리 인사로 여기며, "더 드릴 말씀은 없습니다. 감사합니다" 또는 "붙여만 주신다면 열정을 다하겠습니다"와 같은 답변으로 끝낸다. 나쁘진 않지만, 감동은 없다. 면접 내내 인상이 평범했다면 그대로 평범하게 끝나 버린다. 반면, "오늘 면접 중 문제 해결 경험을 말씀드릴 때 제 기여도를 더 구체적으로 설명하지 못해 아쉽습니다. 혹시 간단히라도 보완할 기회를 주신다면 말씀드리고 싶습니다"라는 답변은 다르다. 마지막 순간까지 기회를 놓치지 않으려는 간절함이 전달되며 평가가 상향 조정될 수 있다. 즉, 좋은 마지막 답변은 최신 효과로 작용해 긍정적 인상을 강화하고, 특히 합격과 불합격의 경계선에 있는 지원자에게는 합격과 탈락을 결정짓는 승부처가 될 수 있다.

그렇다면 어떤 전략이 있을까?

첫째, '질문을 남기는 전략'을 구사하며 자신의 '생각의 깊이'를 전달할 수 있다. 단순히 "모르니까 물어본다"라는 것이 아니라, "알아보다가 궁금했다"라는 능동성을 보여 주는 것이 핵심이다.

"이번 면접 준비를 하며 귀사의 ○○ 전략에 대해 리서치하던 중 특히 △△ 부문에서의 고객 대응 방식이 인상 깊었습니다. 혹시 이와 관련해 현업에서는 어떤 지점을 가장 중요하게 보고 계신지 여쭤봐도 괜찮을까요?"

이런 답변은 회사에 대해 사전 리서치를 할 만큼 자신이 적극적이라는 것을 보일 수 있다. 그리고 같은 궁금한 점을 묻는 것이라도 이처럼 회사의 긍정적 요소를 강조하며 묻는 방식이 훨씬 좋은 인상을 남긴다.

둘째, '약했던 답변'에 대한 추가 보완 기회를 요청하는 전략이다. "실패 경험을 답변드릴 때 설명이 부족했던 것 같아 아쉽습니다. 짧게라도 보완 설명을 드려도 될까요?"

이러한 요청이 좋은 이유는 자신이 부족했던 부분을 회복하려는 태도가 오히려 적극적이고 끝까지 포기하지 않으려는 성숙한 인상을 줄 수 있기 때문이다.

셋째는, 자신의 '강점'을 겸손하게 강조하며 마무리 짓는 전략이다. 이런 전략의 사례를 다음과 같이 들 수 있다.

"오늘 면접을 통해 PM 역할에 대해 좀 더 현실적으로 이해하는 계기가 되었습니다. 저는 다양한 부서와 이해관계를 조율하며, 실행을 책임지는 역할이 PM이라고 생각하며 면접을 준비해 왔습니다. 이 방향성이 회사와 맞는다면 꼭 함께 일하고 싶습니다." 이 지원자는

PM 직무의 현실을 말하며, 단순한 열정이 아니라 자신의 PM 직무에 대한 정확한 인식 능력을 다시 한번 강조하고 있다. 또 다른 예를 보자.

"연구 직무를 준비하며 가장 중요하다고 느낀 건, 단순한 지식보다 '문제를 끝까지 파고드는 힘'이었습니다. 오늘 말씀드린 제 경험이 부족해 보일 수 있으나, 실험 설계와 결과 검증에 대한 태도만큼은 자신 있습니다. 현장에서 반드시 검증받고 싶습니다."

이 답변에서 연구 직무에 대한 현실적 감각뿐만 아니라 회사에 들어와서도 책임 있는 자세로 일할 수 있는 태도가 느껴질 수 있다. 다음은 마케팅 직무에 지원하는 지원자의 마지막 답변이다. 이 지원자는 회사에 대해 적극적으로 관심 있게 조사한 것을 어필하는 것뿐만 아니라, 브랜드에 대한 분석력을 강조하면서 마무리하고 있다. 이 적극적 자세와 분석 능력이 면접관에게 긍정적인 인상을 심어 줄 수 있다.

"면접을 준비하면서 회사의 타깃 고객층에 대한 브랜드 메시지를 분석하는 기회가 있었는데, 특히 ○○ 캠페인이 고객과 감정적으로 연결된 방식이 인상 깊었습니다. 이런 회사의 브랜드 메시지 전략에 꼭 기여하고 싶습니다."

마지막으로, 면접에서 '배운 점'을 강조하며 마무리하는 전략이다. "면접 자체가 큰 배움이었습니다. 짧은 시간이지만, 영업의 본질이 '빠른 실행과 성과 창출'임을 체감했습니다. 현장에서 배우고 기여할 기회를 주신다면 감사하겠습니다." 이 답변에서 지원자는 겸손한 태

　　　　　　　　　　　　　　　　　　　　면접 썰기

도를 유지하면서 배우고 기여할 준비가 되어 있다는 점을 설득력 있게 전달하고 있다.

"마지막으로 하실 말씀이 있습니까?"라는 질문에 대한 마무리 대답은 지원자의 태도, 관심, 커뮤니케이션 감각을 압축해 보여 줄 수 있는 '짧지만 강한' 기회이다. 특히 합격의 경계선에 있는 지원자라면, 이 마지막 답변은 평가의 무게추를 유리한 쪽으로 기울게 만드는 결정적인 역할을 할 수가 있다. 면접관은 당신의 마지막 답변에서 이 회사와 직무에 진심으로 관심이 있는지, 그리고 답변을 마무리하는 태도와 표현을 통해 인성과 표현력을 본다. 단순히 말하지 않는 침묵이나 열정만 앞세운 형식적 인사는 지원자의 진심과 사고의 깊이를 드러내지 못한다. 따라서 마지막 답변에서는 형식적인 태도나 감정의 과잉 없이, 회사와 직무에 대해 실제로 얼마나 간절하게 고민했는지를 보여 줄 수 있어야 한다.

3/

쌩신입의 이기는 전략

Chapter 1

쌩신입만의 강점과 승부처

"단순히 경험 부족을 메우는 데 그치지 않고, 오히려 태도와
자질을 기반으로 조직·직무에 적합하고 계속 조직에서
성장할 수 있는 자산임을 증명할 수 있어야 한다."

최근 취업 시장은 채용 규모를 줄이고 수시 채용 중심으로 재편되고 있다. 이는 기업들이 실무에 즉시 투입 가능한 경력직을 선호하는 방향으로 채용 전략을 전환하고 있음을 보여 준다. 이런 채용 시장 변화에서 눈여겨볼 부분은 중고 신입의 증가이다. 2025년 한국경제인협회가 매출 상위 500대 기업(121개사 응답)을 대상으로 실시한 조사에 따르면, 지난해 대졸 신입 입사자 중 10명 중 3명(28.1%)은 이미 경력이 있었다. 이는 2024년 25.8%에서 2.3%포인트 상승한 수치이고, 중고 신입의 평균 경력은 1~2년이 46.5%로 가장 많았다.[1] 또 다른 조사 결과(잡 플래닛에서 직장인 575명 대상으로 설문조사 결과) 직장인들이 중고 신입을 선호하는 이유로는 △'소통의 용이성'(38.1%), △'풍부한 업무 스킬'(28.8%), △'빠른 눈치'(25.5%) 등을 꼽았고, 반면 불편한 중고 신입유형으로는 △'안다는 듯 거만한 사람'(51.7%), △'본인이 하던 대로만 일하는 사람'(25.8%), △'일반 대졸 신입보다 업무가 미숙한 사람'(12.6%) 등이 그 뒤를 이었다.[2] 이러한 조사 결과는 기업들이 어느 정도 실무 스킬을 갖고 있으면서도 아직 직장 초년생으로서의 태도와 성장 가능성(소통, 협력, 문제 해결력 등과 같은 일머리)을 가진 인재를 선호한다는 것을 의미한다.

이는 대졸 신입 지원자에게 취업 문턱이 더 높아지고, 이제는 중고 신입 지원자와 대등한 경쟁력을 지녀야 한다는 무척 부담스러운 현실을 보여 준다. 하지만 경력직 선호 현상이 강해지고는 있지만 기회는 여전히 남아 있다. 올해 상반기 대졸 신규 채용 계획 인원 중 경력직 비중은 평균 31.2%였으며, 그중 50% 이상을 경력직으로 채우려는 기업은 23.8%에 불과했다.[3] 문제는 경력직과의 단순 비교에서 주눅 드는 것이 아니라 신입만의 차별 요소를 어떻게 전략적으로 활용하느냐에 달려 있다.

대졸 신입에게 요구되는 역량

여기서 주목할 점은 기업이 대졸 신입과 경력직에게 요구하는 역량이 다르다는 것이다. 잡코리아가 2023년 인사담당자 206명을 대상으로 실시한 조사에 따르면, 대졸 신입 채용 시 가장 중요하게 평가되는 역량은 '성실성'(75.7%)이었다. 이어서 △'적응력'(58.3%) △'팀워크'(43.7%) △'인내력'(36.4%) △'전문성'(35.9%) 순으로 나타났다.

반면 경력직 채용에서는 '전문성'(68.9%)이 1위였고, 그 뒤로 △'팀워크'(55.3%) △'적응력'(45.6%) △'추진력'(45.1%) △'성실성'(36.4%) 순이었다. [4]

2024년 잡코리아 조사에서도 유사한 결과가 확인된다. 대졸 신입 채용 시 가장 중요하게 평가하는 요인(복수응답)으로 '인성과 태도'(57.5%)가 가장 높게 꼽혔으며, 그다음은 '지원 분야의 근무 경험'(33.5%), '기업·업계에 대한 관심과 지식'(17.6%) 등이었다. 반면, 경력직의 경우 '채용 분야의 전문 역량'(51.4%)과 '동종업계 근무 경험'(35.1%)이 가장 중요한 항목으로 나타났다. [5]

이 조사 결과들을 종합해 보면, 기업이 대졸 신입 채용 시 요구하는 역량은 '즉시 전력화' 역량보다 인성·태도·자질(일머리)임을 알 수 있다. 이 점이 대졸 신입 지원자가 경력직 지원자와 차별화할 수 있는 핵심이다. 기업이 채용 과정에서 이러한 역량을 중시하는 데에는 분명한 이유가 있다. 이러한 자질을 갖춘 대졸 신입은 기업의 미래 성장과 직결되는 자산이기 때문에 이는 기업이 경력직 못지않게 대졸 신입을 중요하게 평가하는 근거가 된다. 이 지점을 이해할 때 대졸 신입 지원자는 경쟁력 있는 면접 전략을 구사할 수 있을 것이다.

기업이 대졸 신입사원을 뽑는 이유와 강점

대졸 신입은 '조직의 DNA를 이어받고', '장기적 성장 자산'이 되며, '새로운 감각과 활력을 불어넣는 존재'다. Chapter 6("당신의 강점과

   면접 썰기

약점은?")에서 살펴본 것처럼 기업이 대졸 신입을 채용하는 이유는 크게 세 가지로 정리할 수 있다.

첫째, 조직 문화와 가치의 자연스러운 체화다. 대졸 신입은 회사의 철학과 일하는 방식을 처음부터 받아들이며, 조직 고유의 DNA를 자연스럽게 이어 갈 수 있다.

둘째, 중장기적 관점에서의 성장 자산 확보다. 경력직에 비해 장기간 근속하면서 조직의 맥락을 깊이 이해하고, 허리층과 리더로 성장할 잠재적 기반이 된다.

셋째, 새로운 세대가 지닌 감각과 조직에 불어넣는 활력이다. 디지털 네이티브로서의 신선한 시각과 에너지는 조직에 새로운 변화를 촉진할 수 있다.

앞서 살펴본 세 가지 이점은 대졸 신입이 지닐 수 있는 고유한 강점으로 이어질 수 있다. 이러한 맥락에서 대졸 신입의 강점을 네 가지로 정리하면 다음과 같다.

첫째, 학습의 민첩성이다. 대졸 신입은 기존 조직의 관행이나 성공 경험에 덜 얽매여, 새로운 것에 대한 호기심을 바탕으로 업무 태도와 문화를 빠르게 습득한다. 이러한 호기심은 단순한 빠른 학습에 그치지 않고, 무언가를 깊이 이해하고 탐구하려는 태도로 이어진다.

둘째, 성장의 잠재력이다. 대졸 신입은 자신이 모른다는 사실을 인식하고 있으며 새로운 시도와 피드백을 성장의 자산으로 받아들인다. 경력직이 축적된 전문성에 고착될 수 있는 반면, 대졸 신입은 모든 역할을 학습의 기회로 삼는다. 다시 말해, 대졸 신입은 지금 잘하는 사람이 아니라 앞으로 더 잘할 수 있다는 기대에 응답하려는 사람이다.

셋째, 조직과 직무에 대한 적응력과 유연성이다. 첫 직장이라는 특성상 회사의 가치관과 일하는 방식에 맞춰 기초부터 적응해 나갈 수 있다. 또한 업무 과정에서 경험하는 시행착오를 개방적인 태도로 받아들이고, 자신의 방식을 조직의 업무 기준에 맞게 지속적으로 수정·보완해 나갈 수 있다.

넷째, 신선한 관점과 아이디어다. 최신 학문과 프로젝트 경험은 조직에 새로운 자극과 문제 인식의 계기를 제공할 수 있다.

경력직을 이기는 면접 전략

결국 대졸 신입 지원자가 면접에서 차별적 우위를 확보하려면, 이 네 가지 강점과 함께 기업이 대졸 신입에게 요구하는 역량이 답변 속에서 자연스럽게 드러나야 한다. 다시 말해, 조직과 직무에 빠르게 적응하고, 새로운 과제에 주도적으로 도전하며, 조직과 함께 성장할 수 있는 태도와 자질, 즉 '일머리'를 갖춘 인재임을 면접관에게 효과적으로 전달할 수 있어야 한다.

그렇다면 이러한 메시지는 어떻게 답변으로 구현할 수 있을까? 면접에서 대졸 신입 지원자가 경쟁력을 갖추기 위한 답변 전략은 크게 세 가지로 정리할 수 있다. 이 세 가지 전략은 대졸 신입 지원자의 강점을 효과적으로 드러내기 위해, 지금까지 살펴본 답변에서 무엇을 중점적으로 준비해야 하는지를 판단하는 가늠자가 된다. 그러면 그

  면접 썰기

세 가지 전략적 답변 전략을 차례로 살펴보자.

첫째, 나와 조직 간의 적합성을 드러내는 것이다. 대졸 신입 지원자가 이를 보여 줄 수 있는 대표적인 기회는 '자기소개', '왜 이 회사인가', 그리고 '인재상과 관련된 질문들'에서이다. 이러한 질문들에 대한 답변을 통해 대졸 신입 지원자는 자신이 어떤 사람인지, 그리고 조직을 위해 기꺼이 노력하며 잘 적응할 수 있는 사람임을 진정성 있게 보여 줘야 한다.

핵심은 자신이 일에서 추구하고 중요하게 여기는 가치와 강점이 회사의 비전과 사업 특성, 조직 문화 속에서 가장 잘 발휘될 수 있다는 점을 그동안의 준비 경험을 바탕으로 설득력 있게 설명하는 것이다. 나아가 회사의 문화와 일하는 방식에 얼마나 잘 적응할 수 있는지, 즉 '조직의 방식'으로 일할 수 있는 태도와 자질을 갖추었음을 분명히 보여 주어야 한다.

둘째, 나와 직무의 적합성을 보여 주어야 한다. 기업이 중고 신입을 선호하는 이유는 대졸 신입처럼 아직 기존 조직의 일하는 방식이나 의사결정 구조에 고착되지 않았으면서도, 일정 수준의 실무 지식과 경험을 갖추고 있다는 점에 있다.

대졸 신입 지원자가 이에 맞서기 위해서는 지원 직무와 직접 연결되는 실무 경험을 쌓는 것이 중요하다. 인턴십, 교내 및 산학 연계 프로젝트, 해커톤 등 다양한 경험을 통해 직무 이해도와 실무 감각을 높일 필요가 있다. 하지만 이러한 경험의 나열만으로는 경력직을 넘어설 수 없다. 특히 최근처럼 스펙 인플레이션이 심화된 채용 환경에서는 유사한 경험을 보유한 지원자가 늘어나 단순한 직무 경험만으로는 차별화가 어렵기 때문이다.

'당신의 직무 경험과 관련된 질문'이나 '당신의 강점은 무엇입니까'라는 질문에 답할 때는, 인턴십이나 프로젝트 경험을 통해 단순히 실무 지식과 스킬을 습득했다는 수준을 넘어야 한다. 중요한 것은 그 경험을 통해 문제를 구조화하는 능력, 빠른 학습 능력, 끝까지 책임지고 완수하려는 태도, 그리고 팀원과 소통하며 협력하는 능력과 태도 등을 갖추었음을 보여 주는 것이다. 이를 통해 지원자는 성과를 낼 수 있는 역량과 함께, 앞으로 성장할 잠재력까지 갖춘 사람임을 설득할 수 있다. 더 나아가 교과서적인 설명을 넘어서, 직무 맥락에 맞는 현실적인 직무 이해까지 보여 줄 수 있을 때 답변은 한 킥이 된다.

셋째, 성장 가능성을 강조하는 것이다. 이는 개인의 직무 차원에 그치지 않고, 조직 안에서 함께 성장할 수 있는 가능성까지 포함한다.

대졸 신입 지원자는 직무 수행 과정에서 예상치 못한 어려움에 직면하더라도 끈기 있게 열정을 쏟으며, 스스로를 발전시켜 나갈 수 있는 사람임을 보여 주어야 한다.

이러한 능력과 태도는 '왜 이 직무를 선택했는가'라는 질문에서, 우선 임금수준이나 경력 관리 차원이 아니라 주어진 일 자체에서 느끼는 내적 성취감(자율감·유능감·유대감) 때문에 직무를 선택했음을 증명하는 것으로부터 출발한다. 나아가 이러한 내적 성취감이 실제 행동의 동력으로 작동하여, 주어진 일을 수동적으로 수행하는 사람이 아니라 스스로 과제를 발견하고 자기 주도적으로 일할 수 있는 사람임을 드러낼 때 답변은 완성된다.

또한 '당신의 약점은 무엇인가'라는 질문에서는 자신의 부족함을 객관적으로 인식하고, 이를 개선하기 위해 어떤 노력을 해 왔으며, 그 결과 행동이 어떻게 달라졌는지를 보여 줄 때 성장 가능성이 설득력 있게 전달된다.

더 나아가 '기억에 남는 성공과 실패 경험'에 대한 질문에서는 단순히 성과가 아니라, 성과를 지속적으로 낼 수 있는 잠재력을 강조하면서 실패를 학습의 자산으로 삼아 일에서 지속적으로 성장할 수 있는 사람이라는 점을 증명해야 한다.

특히 이러한 성장 태도가 개인의 직무 차원에 머무르지 않고, 조직과 함께 장기적으로 발전할 수 있는 방향으로 연결될 때 기업은 이를 매우 중요한 신호로 받아들인다. 이는 기업이 높은 이직률과 조기 이탈 문제에 지속적으로 직면해 있기 때문이다. 통계청이 발표한 《2022년 일자리 이동통계 결과》에 따르면 2022년 12월 기준으로 기업체 간 이직자는 415만 9,000명으로 전체 근로자의 16.0%에 달했고, 이직자의 71.3%는 중소기업 소속이었으며 이 중 12.0%는 대기업으로 이동했다는 것이다.[6] 그리고 조기 이직자 발생에 따른 우려는 중소기업만의 문제가 아니라 대기업도 마찬가지이다. 한국경제인협회가 매출 상위 500대 기업(121개사 응답) 대상으로 실시한 조사에서 신규 채용 시 애로사항(복수 응답)을 보면, △'기업 요구에 부합하는 인재를 찾기 어려움'(29.4%), △'채용후 조기 퇴사자 발생'(24.0%), △'채용 과정에서 이탈자 발생'(19.3%) 등의 순이었다.[7] 조기 퇴직과 이탈자 발생에 대한 우려가 43.3%에 이른다는 것을 알 수 있다. 따라서 대졸 신입 지원자는 '왜 이 회사인가'라는 질문에서 그가 찾고자 하는 의미·가치가 지원하는 회사와 깊이 연결되어 있다는 것을 어필하고, '입사 이후 당신의 경력 목표는'이라는 질문에서는 회사를 단순한 경력의 디딤돌로 삼으려 한다는 의심이 가지 않도록 직무와 연결된 실행 가능한 구체적인 로드맵으로 신뢰감을 심어 주어야 한다.

결국 대졸 신입 지원자가 경력 지원자와 경쟁에서 살아남는 방법은 단순히 직무 경험 부족을 메우는 데 있지 않다. 오히려 자신의 성과와 성장을 위한 능력과 태도를 기반으로 직무·조직에 적합하고 계속 조직에서 성장할 수 있다는 것을 강조해야 한다. 그런 과정에서 대졸 신입 지원자는 자신의 강점, 즉 빠른 학습 능력, 자기 인식 능력, 자기 주도성, 문제 해결력, 책임감, 소통과 협업 능력, 신선한 관점 등을 전략적으로 드러내야 한다.

기업은 현재 성과뿐 아니라 미래 성장동력을 찾고 있다. 따라서 대졸 신입은 자신을 "지금은 작지만 빠르게 배우고 크게 성장할 수 있는 잠재적 자산이다"라는 점을 증명할 수 있을 때, 경력 지원자와의 경쟁에서도 충분히 승산이 있다.

Chapter 2

버틸 수 있는 힘

"나를 죽이지 못하는 것이 나를 더 강하게 만든다."
- 프리드리히 니체

우리는 누구나 인생에서 시련을 경험한다.

개인적 차이는 있겠지만, 대학 졸업 후의 취업은 사회에 첫발을 내딛는 과정에서 가장 큰 시련을 안겨 주는 관문 중 하나일 것이다. 회사로부터의 불합격 통보는 생각보다 깊은 상처를 남긴다. 그 거절은 자신이 부정당한 듯한 느낌으로 이어져 '내가 부족한 건 아닐까?'라는 자책을 불러오기도 한다. 면접장에서의 장면들이 계속 떠오르고 자신을 탓하게 된다. 마음을 다잡고 다시 취업의 문을 두드리지만, 결과를 기다리는 초조함과 또다시 떨어졌을 때의 허망함은 익숙해질 리 없다. 괜찮다고 되뇌어 보지만, 자신감은 곤두박질치고 작은 실수에도 낭패감을 느끼며 점점 위축되어 가는 자신을 발견하게 된다. 이런 대졸 신입 지원자가 취업에 실패하면서 견디기 가장 힘든 것은 단순한 거절이 아니라 '나는 가치가 없는 사람인가.'라는 좌절감이다. 그 부정적 감정에 휩쓸려 점점 자존감을 잃어 가기도 한다. 하지만 중요한 건 이러한 감당하기 힘든 시련이 찾아왔다는 사실 그 자체가 아니다. 시련을 내가 어떻게 바라보고 해석하느냐가 훨씬 더 중요하다.

시련은 우리 모두가 피할 수 없는 삶의 도전이다. 때로는 그 무게가 감당하기 버거울 만큼 커지기도 한다. 우리는 그런 시련 앞에서 상황을 통제할 수 없다고 느낄 때, 특히 '나는 가치가 없다.'라는 자기 의심에 사로잡힐 때 무너진다. 그러나 우리는 처음부터 강해서 견디는 것이 아니다. 견디면서 조금씩 강해지는 것이다.

이처럼 시련 속에서도 우리를 버티게 하는 힘, 그것이 바로 '의지'이다. 그런데 우리는 자칫 의지를 오기로 착각하기도 한다. 누군가 단순히 '지고 싶지 않다.'라는 마음으로 버틴다면, 그것은 오기이다. 오기는 지거나 굴복하기 싫은 마음, 즉 타인에게 무시당해 자존심 상하는 것이 싫어서 발휘되는 힘이다. 오기는 순간적인 폭발력은 크지만 오래 지속되기 어렵고 쉽게 소진된다. 버티는 힘의 다른 편에 의지가 있다. 의지는 "내 꿈은 내가 살아가는 의미이다"라는 신념에서 비롯된 힘이다. 이 의지는 반복된 실패에도 흔들리지 않고 계속 앞으로 나아가게 한다. 오기에서 비롯된 버팀이 타인을 의식하는 싸움이라면, 의지에서 비롯된 버팀은 나의 꿈을 지키기 위한 싸움이다. 따라서 의지는 나의 꿈을 이루어 가는 여정을 끝까지 완수하게 하는 힘이다.

   면접 썰기

여기서 중요한 게 있다. 의지는 자신의 꿈이 절실할 때, 더 강해진 다는 사실이다. 파울로 코엘료가 《연금술사》에서 말한 '자아의 신화' 는 꿈이 단순한 희망이나 바람을 넘어 절실한 소망이 될 때, 온 우주 의 섭리가 그 꿈을 이루도록 돕는다는 믿음을 담고 있다. 절실한 꿈 을 가진 사람은 쉽게 무너지지 않는다. 왜냐하면 자신이 가진 소중 한 꿈을 향해 나아가는 삶에서 자신의 존재 이유를 발견하기 때문이 다. 이런 사람에게 시련은 패배의 함정이 아니라 자신의 간절한 소망 을 성취할 수 있는 '자격이 있는 자'를 입증하는 도전이 된다. 이럴 때 시련은 오히려 자신을 단련하는 과정이 되고, 더 나은 나로 변신하기 위해 우주의 섭리가 마련해 놓은 안내자가 되는 것이다. 이처럼 소중 한 꿈은 시련 앞에서 앞으로 나아가는 의지력에 에너지를 준다.

따라서 대졸 신입들에게 취업은 자신의 꿈을 향해 가는 여정의 중 요한 일부가 되어야 한다. 하지만 우리는 흔히 취업을 단순히 "괜찮 은 곳에 들어갔다"라는 타인의 시선으로 정의하려 한다. 그것은 자 아의 신화 여정과는 무관한 성취이다. 취업이 간절한 꿈을 이뤄 가는 여정이 될 수 있을 때, 강한 의지는 힘든 여정에서 마주할 수 있는 체 념의 그림자로부터 당신을 굳건히 지켜 줄 것이다.

시련은 우리를 무너뜨릴 수도 있고, 단련시킬 수도 있다. 이 두 갈 림길에서 어느 쪽으로 나아가느냐는 어떤 마음으로 시련을 견디느 냐에 달려 있다. 그 선택의 중심에는 흔들리지 않는 의지가 필요하 다. 이러한 시련을 강한 의지로 견디기 위해 현실적으로 우리가 할 수 있는 일은 바로 '마음의 공간'을 만드는 일이다. 부정적 감정과 거리를 두고 현실적 선택지를 바라보아야 한다. 다시 말해, '내가 과연 할 수 있을까?'라는 자기 의심이 아니라 '나는 어떻게 더 나아질 수 있을까?'라는 성장의 질문으로 마음의 공간을 채워야 한다. 구체적으로는 마음속에 '지금 내가 어떤 어려움에 봉착했는가?', '지금까지 가장 효과적이었던 방법은 무엇이었는가?', '개선하기 위해 지금 당장 무엇부터 노력해야 하는가?', 그리고 '다른 사람들에게는 어떤 도움을 요청해야 하는가?'라는 질문들이 자리 잡을 때 시련은 견딜 만한 도전이 된다.

우리는 꿈의 여정 속에서 형성된 강한 의지와 마음의 공간을 가질 수 있을 때, 취업을 더 이상 입시처럼 점수로 줄 세우는 시험으로만 보지 않게 된다. 떨어졌다고 해서 내가 무능해서도 아니고, 쓸모없는 존재가 되는 것도 아니라는 생각에 도달할 수 있다. 비로소 취업의 본질을 '결fit', 즉 나의 정체성과 회사의 정체성이 맞아떨어지는 접점을 찾는 과정으로 인식할 수 있게 된다. 아무리 내 스펙과 조건이 좋아도 서로의 결이 맞지 않으면 인연이 되지 않는다. 면접관이 "이 사람이 우리 조직에서 잘 적응하고 성과를 낼 수 있겠다"라고 판단하면 합격이고, 그렇지 않으면 불합격일 뿐이다. 그래서 불합격했다고 해서 스스로를 탓하거나 지나치게 낙담할 필요는 없다. 언젠가는 나와 가장 잘 맞는 곳에서, 나의 힘을 마음껏 펼칠 기회를 만나게 될 것이라고 굳게 믿을 수 있다.

대부분의 도전은 기다림을 요구한다. 하지만 기다림이 곧 멈춤을 의미하는 것이 아니다. 당신은 계속 나아가야 한다. 시련은 소중한

면접 썰기

꿈을 갖고 단순히 오기가 아니라 포기하지 않는 의지로 쉬운 것부터 조금씩 실천해 나갈 때, 더 이상 좌절의 벽이 아니라 성장의 발판이 될 것이다.

프리드리히 니체Friedrich Nietzsche는 그의 책 《우상의 황혼Götzen-Dämmerung, oder, Wie man mit dem Hammer philosophiert》에서 "나를 죽이지 못하는 것이 나를 더 강하게 만든다"라는 격언을 남겼다. 시련 앞에서 다시 나아갈 수 있는 의지만 있다면 당신은 강해질 수 있다. 그러니 낙담하지 말고, 당신의 절실한 꿈을 믿어라. 그리고 그 길을 담대하게 걸어가길 바란다.

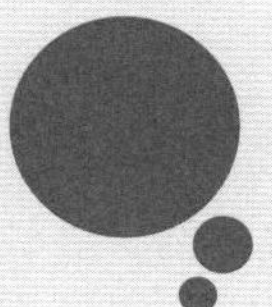

참고문헌

2부

1) 나무위키, 초두효과Primary effect. https://namu.wiki/w/초두%20효과. (접속일자: 2025년 10월 24일)

2) 나무위키, 메라비언의 법칙Mehrabian's Rule. https://namu.wiki/w/메라비언의%20법칙. (접속일자: 2025년 10월 30일)

3) 박소현·유태용, 2014. 면접에서 지원자의 인상관리 전략이 성격 평정에 미치는 영향. 한국심리학회지: 산업 및 조직, 27(1), pp. 137-164.

4) MZ세대 퇴사율 37%…기업이 살아남기 위한 인재 관리전략은?, 2025년 7월 9일. https://koreabizreview.com/detail.php?number=6340.

5) 손영우(연세대학교 심리학과), 조직몰입, 한국심리학회, 네이버 지식백과 심리학용어사전, 2014년 4. https://terms.naver.com/entry.naver?docId=2070236&cid=41991&categoryId=4199.

6) 닐 도쉬Neel Doshi·린지 매그리거Lindsay McGregor 지음, 유준희·신솔잎 옮김,《무엇이 성과를 이끄는가Primed to Perform》. 생각지도, 2016, pp. 217.

7) 기업 10곳 중 7곳 "올해 신규채용 계획 있어", 〈이투데이〉, 2023년 4월 20일자. https://www.etoday.co.kr/news/view/2242293?utm.
기업 67% "올해 신규채용 계획 있다"…직무 경험 선호, 〈SBSNEWS〉, 2024년 3월 3일자. https://news.sbs.co.kr/news/endPage.do?news_id=N1007557696&plink=ORI&cooper=NAVER.
기업 60.8% "신규채용 계획 있다"…2022년 이후 최저,〈뉴데일리경제〉, 2025년 3월 20일자. https://biz.newdaily.co.kr/site/data/html/2025/03/20/2025032000190.html.

8) 기업이 선호하는 신입사원 유형은?, 〈Metro〉, 2020년 4월 16일자. https://www.metroseoul.co.kr/article/20200416500188.

9) 일하고 싶은 상사 1위 '예의 있고 매너'…우리 부장님은?, 〈조선〉, 2020년 10
월 12일자. https://www.chosun.com/economy/industry-company/2020/
10/12/YBBZTOZ7L5BAJAOEOMAMDIFOBE/.

10) 최신 채용 동향 보니…500대 기업 61% "문화적합성 확인 뒤 채용", 〈세계일
보〉, 25년 3월 16일자(고용노동부, 24년 하반기 채용동향 조사 결과 발표).
https://www.segye.com/newsView/20250316504343?OutUrl=naver.

11) 한국 청년들이 취업하고 싶은 기업TOP100, 〈CEONEWS〉, 2025년 3월 28
일. https://www.ceomagazine.co.kr/news/articleView.html?idxno=
33515.

3부

1) "대졸 공채 옛말?" 수시·경력 중심 채용 대세되나, 〈한경Business〉, 2025년 9월
21일자. https://magazine.hankyung.com/business/article/202509217518b.
"지원자는 아예 회사 경력이 없어요?"…'신규채용서 중고신입' 우대하는 대기
업, 〈매일경제〉, 2025년 9월 21일자. https://www.mk.co.kr/news/society/
11425094.

2) "해본 사람이 잘하지"…직장인 90%는 '중고 신입' 선호, 〈서울경제〉, 2024년 4
월 9일자. https://www.sedaily.com/NewsView/2D7UGCH5E1.

3) 대기업 신입 10명 중 3명은 '중고 신입'… 경력직 채용 비중↑, 〈지이코노
미〉, 2025년 3월 2일. https://www.geconomy.co.kr/news/article.html?no=
295194&utm.

4) 인사담당자가 요구하는 역량 1위, 신입 '성실성' vs 경력 '전문성', 〈잡코리아〉,
2023년 6월 1일자. https://www.jobkorea.co.kr/goodjob/tip/view?News_

No=21095.

5) 기업 60% '올해 직원 채용 계획 있다'…신입·경력 모두 채용 선호, 〈뉴스투데이〉, 2024년 1월 12일자. https://www.news2day.co.kr/article/20240112500083.

6) 국가데이터처, 2022. 일자리 이동 통계 결과. 2024년 6월 5일. https://www.kostat.go.kr/board.es?mid=a10301030100&bid=11113&act=view&list_no=431245.

7) 한국경제인협회, 2025. 2025년 하반기 주요 기업 신규채용계획 조사. 2025년 9월 11일. https://www.fki.or.kr/kor/news/statement_detail.do?bbs_id=0006506&category=ST.

 면접 썰기

면접 썰기

ⓒ 사 영 · 지주은, 2026

초판 1쇄 발행 2026년 2월 24일

지은이   사 영 · 지주은
펴낸이   이기봉
편집   좋은땅 편집팀
펴낸곳   도서출판 좋은땅
주소   서울특별시 마포구 양화로12길 26 지월드빌딩 (서교동 395-7)
전화   02)374-8616~7
팩스   02)374-8614
이메일   gworldbook@naver.com
홈페이지   www.g-world.co.kr

ISBN   979-11-388-5514-3 (03190)